철도가 그린 동아시아 풍경

철도가 그린 동아시아 풍경

초판 1쇄 인쇄일	2019년 12월 26일
초판 1쇄 발행일	2020년 1월 3일
지은이	이용상 / 사카자키 모토히코 / 최영수 / 김성수 공저
펴낸이	최길주
펴낸곳	도서출판 BG북갤러리
등록일자	2003년 11월 5일(제318-2003-000130호)
주소	서울시 영등포구 국회대로72길 6, 405호(여의도동, 아크로폴리스)
전화	02)761-7005(代)
팩스	02)761-7995
홈페이지	http://www.bookgallery.co.kr
E-mail	cgjpower@hanmail.net

ⓒ 이용상 외, 2020

ISBN 978-89-6495-151-4 93300

이 도서의 국립중앙도서관 출판시도서목록(CIP)은 e-CIP홈페이지(http://www.nl.go.kr/ecip)
와 국가자료공동목록시스템(http://www.nl.go.kr/kolisnet)에서 이용하실 수 있습니다.
(CIP제어번호 : CIP2019051245)

철도가 그린
동아시아 ──
풍경

이용상 / 사카자키 모토히코
/ 최영수 / 김성수 공저

BG 북갤러리

철도의 도입이 가져온
지역의 변화를 그려보다

이 책은 그동안의 연구 경험과 자료수집의 결과이다. 필자는 철도연구를 1990년부터 시작하여 우리나라뿐만 아니라 일본과 영국 등에서 수행하였다.

때로는 좋아하는 여행을 하면서 조사를 병행하기도 하였다. 그간 짧은 시간은 아니었지만 지금까지 재미있게 계속할 수 있음이 감사할 따름이다.

그동안 필자는 '철도가 무엇일까'를 늘 생각하면서 다양한 기능에 주목하였다. 철도는 가치중립적으로, 누가 이를 어떠한 목적에서 사용하는가에 따라 달라진다. 우리 역사를 보면 철도가 근대화의 도구, 산업화의 추진, 전쟁과 피난, 관광과 문화 등 여러 가지 목적으로 사용되었음을 알 수 있다.

필자는 철도의 다양한 관점을 접하게 된 후 '우리나라에서 철도가 도입되기 전은 어떤 모습이었을까? 도입 된 이후에는 어떤 모습을 하고 있을까? 이러한 철도는 각국에서는 어떤 모습으로 나타나고 나라 사이의 공통점과 다른 점이 무엇일까?'를 줄곧 생각하게 되었다.

우리나라 수운에서 철도라는 내륙교통이 발달하여 그 지역은 어떤 변화를 겪고 있는지가 궁금하였다. 이에 조선시대의 길과 수운 그리고 근대 철도망이 부설되어 발전한 도시 등이 흥미로운 연구 주제가 되었다.

　이러한 의문은 국내에 그치지 않고 동아시아까지 자연스럽게 확장되었다. 일본, 중국, 타이완의 철도조사를 하면서 철도가 사회와 지역에 어떤 역할을 했으며, 그 후의 변화는 무엇이고 지금 무엇이 남아있는가에 관심을 가지게 되었다.

　이웃 일본도 철도가 들어와서 근대화를 촉진하고 사회를 변화시켰다. 1872년 철도가 부설된 후 이동의 자유와 근대적인 의식의 도입, 물자의 이동, 표준시의 도입 등 급격한 변화가 일어났다. 중국의 상해, 북경, 타이완 지역도 예외가 아니었다.

　이러한 철도의 도입이 가져온 지역의 변화를 그려보는 것이 이 책의 기본적인 집필 의도이다.

　시간적인 범위는 철도부설 이후로 그리고 나라는 동아시아로 삼았다. 부족한 부문이 많이 있지만 제1장과 제2장에서는 동아시아 철도에서 매우 중요한 부문을 차지하는 일본을 중심으로 설명하였다. 일본은 철도가 이제 모두 민영화되었고 역사적으로 도시와 지역에서 사설철도의 영향이 매우 컸다. 필자는 이러한 철도의 모습과 특징을 그려보고 싶었다. 제3장은 재미있고 역사가 깊은 일본 철도의 모습을 철도 전문가의 시각에서 작성되었다. 제4장은 최근 철도의 새로운 모습인 지방 철도의 모습을 상세하게 기록하였다. 제5장은 일제강점기 우리나라 사철의 특징에 대해서 살펴보았다. 제6장은 우리나라에서 운영되었던 지방 사설철도의 모습을 자세하게 설명하였다. 제7장은 사진으로 본 동아시아 철도 스케치로, 중국과 타이완 철도의 모습을 담았다. 그리고 끝으로 부록으로는 '사진으로 본 동아시아 철도'를 담았다.

이것을 통해 조금이나마 동아시아 철도의 공통점과 차이점 그리고 철도가 가진 역사성과 지역성을 그려보려고 하였다.

이 책의 출간을 위해 제3장은 일본철도동호회의 김성수 선생님이 그리고 부록의 '사진으로 본 동아시아 철도'는 우송대학교 사카자키 교수님이 제공해 주었다. 또한 전반적인 자료번역과 정리는 우송정보대학의 최영수 교수님이 수고해 주었다. 이 지면을 통해 감사의 인사를 드린다.

그리고 일본 초기의 사설철도 사진은 일본의 오랜 역사가 있는 철도잡지 〈철도 픽토리얼〉의 이마즈(今津直久) 편집장이 제공해 준 것이다. 이마즈 편집장은 다카마쓰(高松) 씨가 소장하고 있었던 귀한 자료를 이 책을 위해 사용하게 해 주었다. 이 자리를 빌려 심심한 감사를 드린다.

이 책을 통해 동아시아 철도연구가 본격적으로 진행되었으면 하는 바람이다. 여러 가지 면에서 주목하는 동아시아는 긴 철도의 역사와 변화를 가지고 있어 앞으로도 좋은 연구 주제가 될 것이다. 아울러 함께 연구하고 공부하고 있는 후학들과 늘 든든한 힘이 되는 가족들에게 깊은 사랑과 감사의 마음을 전한다.

2019년 11월 5일
가을의 햇살이 정겨운 연구실에서
집필자를 대표하여 **이용상**

제1장

서
장

제1장

서장

19세기 말부터 20세기 초반에 걸쳐 세계 각지에서 변화의 파고가 밀려왔다. 특히 1830년 초에 출현한 철도혁명은 속도 면에서 수운과 마차를 앞지르며 교통의 패러다임을 완전히 바꾸어 버렸다. 말과 수운에만 의존하였던 이전의 운송방식, 즉 하루에 이동할 수 있는 거리 등의 제한으로 자급자족 경제에 머물러있었지만, 증기라는 새로운 동력은 빠른 속도를 내세워 공간과 시간의 지도를 재편하였고, 이에 따라 활발한 물자교류를 촉진하며 저렴해진 가격을 통해 새로운 시장이 개척되었다. 1869년 미국의 대륙횡단철도 완공과 운영도 그러한 예 중 하나이다.

최근에 출판된 영국의 철도저널리스트인 크리스티안 월마가 쓴《철도의 세계사》에서도 이에 관한 내용을 자세하게 기술하고 있다. 우유를 마시기 위해 시내의 농장에서 젖소를 키우던 뉴욕시민들이 1841년 뉴욕~에리 간의 철도가 개통되면서 해당 농장을 폐쇄하였다. 또한 영국 해안가의 음식이었던 피시 앤 칩스가 영국의 대표적인 메뉴로 부상한 것 역시 신교통수단인 철도 덕분이었다.

이렇듯 철도의 출현은 근대 서구사회에 있어서 산업혁명의 밑바탕이 되며 새로운 시장 개척에 더욱 박차를 가하는 계기가 되었다. 철도의 출현은 동양사회에도 영향을 미쳤다. 유럽에서 시작된 근대화와 산업화가 서구문명 우월주의, 시장 개척 및 미개한 지역의 개화라는 제국주의 명분을 가지고 급속하게 동양사회에 침투했고, 서구권의 각국도 앞 다퉈 진출했다. 특히 철도는 첨병역할을 맡게 되며 강력한 서구의 힘을 동양 국가에 각인시켰다. 영국의 인도에의 철도건설이나 시베리아철도가 그러한 예이다. 특히 유라시아를 횡단하는 시베리아철도는 모스크바~블라디보스토크까지의 구간이 9,289km이며, 1,520mm의 광궤를 가진 철도로, 서쪽으로는 폴란드와 슬로바키아, 독일, 프랑스까지 연결되었고, 동쪽으로는 당시 동청철도를 통해 하얼빈과 만주, 한반도 그리고 일본까지 연결되었다.

당시 동아시아 정세는 1894년 청일전쟁으로 타이완이 일본의 식민지가 되었고, 1905년 러일전쟁은 일본이 한반도를 발판삼아 대륙으로 진출하는 계기가 되었다. 철도는 그 중심의 하나였다. 시베리아철도와 동청철도 그리고 영국, 프랑스 등이 동아시아의 철도 주도권을 놓고 경쟁하였고, 시베리아철도와 동청철도, 만주철도를 둘러싼 치열한 각축전이 전개되었다.

동아시아에서 힘의 균형이 깨지게 된 것은 러일전쟁에서 일본이 승리하면서 우리나라가 일본에 합병된 때부터이다. 철도는 일본의 식민지 경영의 수단으로 전락하게 되었고, 일본은 철도 이외에 재정, 토지 분야에서도 철저히 식민지적 경영을 수행하였다.

합방 후 일본은 철도를 대륙과 연결시키는 데 주력하였다. 우리 철도는 1911년 만주철도와 연결되며 일본과 만주를 연결하는 통로가 되었다. 1917년 일본은 만주와 우리나라의 일체적 경영을 위해 우리 철도를 만주철도에 위탁경영시키고 1925년까지 만주철도가 이를 운영하게 한다. 그동안 우리나라 철도는 전쟁을 위한 군사적인 목적을 가지고 일본 군부의 대륙정책에 이용되었다. 1925년에 조선총독부에 철도가 다시 환원되지만 1927년 조선철도 12년 계획을 통해 북쪽의 함경선과 두만강을 지나 만주철도와 연결되는 이른바 '동해의 일본호수화 정책'이 실현된다. 이를 위해 철도는 만철 쪽에서 길회선이 부설되고, 항만으로 나진항이 개발되며, 청진항과 나진항이 만철에 위탁경영된다. 이러한 과정에서 만주를 둘러싸고 중국과 러시아, 일본, 미국은 군인과 군수품 이동에 필요한 교통로를 확보하는 데 혈안이 되었고, 각국 간의 경쟁이 심화되며 동아시아는 국제적인 분쟁지로 바뀌어갔다.

1931년 만주사변과 1937년 중일전쟁으로 철도는 전쟁수행의 수단이 되었고, 제2차 세계대전을 통해 그 소용돌이에 들어가게 된다.

일제강점기 우리나라 철도는 대륙과 연결, 만주와의 일체적 경영전략, 동해의 호수화 전략 등 전쟁수행을 위한 도구로 이용되었다. 우리뿐만 아니라 가장 먼저 식민지화된 타이완과 사할린, 만주의 철도 역시 제국주의 수단으로 운영되었다.

동아시아에 있어서 철도가 가져온 변화와 그 역할에 대해 초점을 맞춰보고, 각국의 비교를 통해 공통점과 차이점, 제국주의가 가져온 영향 역시 구체적으로 살펴 볼 필요가 있다. 또한 토지, 자본과 철도와의 관련성, 지역에의 영향력도 조명해 볼 필요가 있다.

 이러한 역사적인 배경을 가진 동아시아 철도는 각자의 여건과 문화를 가지고 발전해왔다. 일본은 국유철도와 사설철도를 함께 운영하다가 1987년 민영화 이후 사설철도 위주로 운영해왔다.

제2장

일본 사찰의 현황과 운영

제2장

일본 사철의 현황과 운영

1. 들어가며

일본 철도는 개통 이후 130년이 넘는 역사를 통하여 근대화의 추진, 경제성장 등 큰 역할을 수행해 왔다. 원래 철도는, 영국 등의 선진국에서는 자본주의체제의 성립기에 공업원료나 제품의 대량고속수송을 위해서 만들어졌다. 그러나 일본은 그러한 조건이 성립하기 전에 사회 전체의 후진성을 극복하기 위한 '이기(利器)'로서 도입되었다.

따라서 일본은 철도 도입 당시부터 서구근대문명의 흡수, 모방을 축으로 하는 이른바 '문명개화'의 추진기능을 기대했고, 이를 넘어서 사회시스템의 변혁과 이용자의 의식변화까지 유도하는 수단으로 추진하였다. 더욱이 철도의 수송기능은 자본주의 경제체제의 정착이라는 도입 당시에는 예측하지 못한 큰 효과를 가져왔다.

이러한 결과로 일본 철도의 특색은 먼저 '근대화의 견인차'를 들 수 있다. 실제로 철도 도입 당시 일본의 상황이나 도입 후 1세기를 넘는 흐름 속에서 철도는 다양한 역할과 기능을 수행하였다.

또한 모든 철도가 사설철도(이하 사철)로 운영되고 있다는 점도 일본 철도의 특징 중의 하나이다. 오랜 시간 동안 간선철도의 경우 국유철도인 일본국유철도가 담당했지만 1987년 민영회사로 변화하여 지금은 모든 철도가 민간으로 운영되는 세계에서 유일한 국가이기도 하다. 특히 순수민간에서 운영한 사철은 초기 철도부터 존재하였고 대도시 주변의 사철은 1906년부터 운영되기 시작하였다.

일본의 사철을 살펴보면 규모가 큰 대기업 사철(大手사철)은 도시권의 지역여객수송을 담당하고 있는데 사철경영의 대표적인 존재이다. 이 중 서일본철도(西日本鉄道, 약칭 니시테쓰, 영업기반은 후쿠오카)를 제외하고 14개사가 일본의 3대 도시권(도쿄, 나고야, 오사카)에 영업기반을 가지고 있다.

한편, 도쿄권과 오사카권지역에서 사업을 하고 있는 중규모의 사철 5개사, 즉 신게이세이전철(新京成電鉄), 기타오사카급행전철(北大阪急行電鉄), 한큐전철(阪急電鉄), 센보쿠고속철도(泉北高速鉄道), 고베고속철도(神戸高速鉄道), 산요전기철도(山陽電気鉄道)는 대규모 사철보다는 작은 규모이다. 이 중 기타오사카급행전철 및 고베고속철도는 공공과 민간의 공동출자방식이다.[1]

....

1) 2014년 6월까지는 센보쿠고속철도도 오사카부가 49%, 나머지를 오사카 가스(18%), 간사이 전력(18%) 등 민간이 출자한 제3섹터(당시의 명칭은 오사카부 도시개발)였지만, 모든 주식을 난카이전철 및 같은 전철 그룹 회사가 양도를 받아 현재는 난카이전철 산하의 민간 기업이 되었다.

가장 작은 규모인 중소 사철은 대도시권 이외에 지방에서 예전부터 영업을 해 온 128개사(제3종 철도사업자 15사, 궤도정비사업자 1사 포함)와 전환철도 등을 의미한다. 일본 철도의 1종사업자는 노선과 시설을 소유하고 자신이 운영하는 사업자를 말한다. 2종사업자는 노선을 빌려서 운영하는 사업자, 3종사업자는 2종사업자에게 노선을 빌려주는 사업자를 말한다.

〈표 1〉 일본의 철도 사업자 수(2015년 7월 1일 현재)

서비스 형태	구분	회사 수
여객	JR	6
	공영 등	12
	대기업 사철	15
	중규모 사철	5(1)
	중소 사철	128(20)
	모노레일	9
	신교통시스템	9
화물	JR	1
	사철	11
합계		196

주 1) 강삭궤도, 무궤도전차, 미개업선은 포함되어 있지 않다. 공영 등에는 도쿄지하철을 포함한다.
주 2) 회사 수 중 ( ) 내의 숫자는 제3종사업자 수이다.
주 3) 여객 중 일부, 화물수송도 행하는 경우가 있다.
주 4) 모노레일, 신교통시스템만을 운영하는 사업자 수이다.
자료 국토교통성 철도국 감수, 《数字で見る鉄道2016》, 운수정책연구기구

2. 사철의 역사와 특징

일본 사철의 역사를 보면 정부 지원을 받기는 했지만 1881년 일본철도가

처음이었다. 일본철도는 도호쿠선(東北線)을 건설했고, 이어서 1885년 오사카지역의 게이한전기철도(京阪電気鉄道), 난카이철도(南海鉄道)가 영업을 개시하였다. 그 후 5대 사철인 홋카이도탄광철도(北海道炭礦鉄道), 간사이철도(関西鉄道), 산요철도(山陽鉄道), 규슈철도(九州鉄道)가 설립되었다(일본철도 포함하여 5개사).

사철의 전성기라 할 수 있는 1930년대에는 도부철도(東武鉄道), 세이부철도(西武鉄道), 도쿄급행전철(東京急行電鉄, 약칭 도큐전철), 한신급행전철(阪神急行電鉄, 약칭 한큐전철) 등 특색있는 철도가 만들어졌다. 한신전기철도(阪神電気鉄道, 약칭 한신전철)는 1924년에 고시엔(甲子園)야구장을 만들었으며 1935년 프로야구 구단인 오사카 타이거즈(후에 한신 타이거스)를 창설하였다. 경쟁사인 한큐전철은 1936년에 한신 타이거스 구단을 만들어서 오사카지역의 프로야구를 선도하였다.

일본 사철에서는 철도사업 이외에 여러 부대사업과 철도와 관련 없는 겸업도 함께 운영하고 있다. 1920년 우메다(梅田)역에 터미널을 만든 한큐전철이 그 예이다.

독립채산의 원칙으로 채산성을 확보하는 사철에게 다각화 전략은 운영에 있어 매우 중요한 요소 중 하나이다. 원래 사업다각화 때문에 철도사업의 채산성, 운영효율이 어느 정도 효과가 있었는가에 대해서 분리하는 것은 쉬운 일이 아니다. 그러나 일본에서 사철이라는 도시공공교통서비스를 정부로부터의 보조에 거의 의존하지 않고 유지하고 있는 사업체가 있고, 다각화전략을 유효하게 활용하고 있다.

일본의 사철은 개통 시부터 철도여객과 다른 수익원을 발굴하여, 각종 여객유치시설(백화점 등) 제공, 주택공급, 더욱이 전등, 전력과 같은 사업과 함께 시작하였다. 예를 들면 초창기 대표적인 사철인 한신전철는 1905년 4월

개업 후 철도선로 주변의 관광지개발, 택지개발을 시작하였다. 곧이어 1905
년 7월 우치데하마(打出浜)에 해수욕장 개설을 기점으로 1907년에 유원지
개설, 1909년에는 니시노미야(西宮) 정류장 근처에 30호 정도의 임대주택사
업을 개시하였다. 1908년 10월에 전등 사업을 개시하였고, 1911년 2월에는
고베(神戸)전등과 급전계약도 체결하였다. 이는 사철회사인 한신전철만의
특이한 경우는 아니다.[2] 예를 들면 효고(兵庫)전기궤도주식회사(현재는 산요
철도)는 개업한 1910년 7월에 스마우라(須磨浦) 해수욕장을 개장한 것을 시
작으로 1922년 스마데라(須磨寺) 유원지 등 소규모이지만 승객 유치를 목적
으로 한 레저사업을 시작하였다. 더욱이 1920년부터는 전기공급 사업, 또한
철도 주변에서의 토지건물의 판매 사업을 개시하였다. 그 후에도 자동차의
발전과 함께 버스사업을 겸업으로 운영하는 것도 사철의 일반적인 사업범주
였다.

일본 사철의 다양한 사업 현황을 보면 〈표 2〉와 같다.

〈표 2〉 일본 사철의 기능

연도	사업 내용				
1900~1910	전등 전력사업	철도 사업	주택공급 사업	터미널빌딩 음식점	유원지, 운동시설 등
1920~	↓	버스	↓	백화점	레저시설의 전개
1942 배전통제령	×	택시	↓	↓	↓	↓

<hr>

2) 이용상 외,《일본 철도의 역사와 발전》(2004), 북갤러리, p.237를 참조하였고 쇼지(고베대
학 교수)의 원고 참조

| 1950~
도시화
자동차의
발전 | | ↓ | 부동산
개발 판매 | 터미널
개발,
빌딩임대 | 각종 소매
업, 전문점,
슈퍼 | | ↓ | 여행업,
터미널
호텔 |

자료 이용상 외, 《일본 철도의 역사와 발전》(2004), 북갤러리, p.237

　일본 사철의 경우 사업권역이 대도시권인 도쿄와 주변지역, 즉 나고야, 오사카와 맞물려 있어 다각적인 경영에 의한 수익성 창출이 유리한 지역에 위치해 있다. 특히 대도시권 일본 사철은 1920년대 철도 붐 이후 급격하게 발전하게 되며, 실제로 많은 수익을 창출하였다. 〈표 3〉의 대기업 사철의 현황을 보면 총 15개사 중에서 2004년 도쿄도 도시교통을 담당하였던 도쿄메트로가 2004년 4월 1일 사철로 전환되었지만, 100% 정부 지분이므로 여기서는 제외하였다. 역사적으로 보면 도쿄지역에는 도부철도가, 오사카지역에는 난카이전철이, 나고야지역에는 나고야철도(名古屋鉄道, 약칭 메이테쓰)가 먼저 만들어졌다. 주된 사업은 철도사업이지만 세이부철도의 경우는 연선사업의 비중도 크다. 이 표에서 사업내용은 매출액이 많은 순서로 표시했는데 도부철도의 경우 운수, 레저, 부동산, 유통 순으로 매출액이 많았고, 사철의 경우는 운송사업 이외에 부동산, 유통, 호텔·레저사업 순으로 사업을 다각화하고 있음을 알 수 있다.

〈표 3〉 일본의 대기업 사철현황

기업명	설립연도	사업권역	사업내용			
도부철도 (東武鉄道)	1897	도쿄	운수	레저	부동산	유통
세이부철도 (西武鉄道)	1912	도쿄권 (사이타마)	도시교통· 연선사업	호텔· 레저	부동산	건설

게이세이 전철 (京成電鉄)	1909	도쿄권 (지바)	운수	유통	부동산	레저 · 서비스
게이오전철 (京王電鉄)	1910	도쿄	운수	유통	부동산	레저 · 서비스
오다큐전철 (小田急電鉄)	1923	도쿄	운수	유통	부동산	기타(호텔, 레스토랑, 여행, 유지 · 보수)
도쿄급행전철 (東京急行電鉄) 약칭 : 도큐전철	1923	도쿄	교통	부동산	생활 서비스	호텔 · 리조트
게이힌급행전철 (京浜急行電鉄) 약칭 : 게이큐전철	1898	도쿄	교통	부동산	레저 · 서비스	유통
사가미철도 (相模鉄道) 약칭 : 소테쓰	1917	요코하마	운수	건설	유통	부동산
나고야철도 (名古屋鉄道) 약칭 : 메이테쓰	1894	나고야	교통	운송	부동산	레저 · 서비스
긴키일본철도 (近畿日本鉄道) 약칭 : 긴테쓰	1910	오사카	운수	부동산	유통	호텔 · 레저
난카이전철 (南海電鉄)	1885	오사카	운수	부동산	유통	레저 · 서비스
게이한전철 (京阪電鉄)	1906	오사카	운수	부동산	유통	레저 · 서비스
한큐전철 · 한신전철 (阪急電鉄 · 阪神電鉄)	1907	오사카	도시 교통	부동산	엔터테인먼트 · 커뮤니케이션	여행 · 국제운송
서일본철도 (西日本鉄道) 약칭 : 니시테쓰	1908	후쿠오카	운수	부동산	유통	물류

출처 《大手民鉄の素顔 : 大手民鉄鉄道事業データブック2015》, 一般社団法人, 日本民営鉄道協会, 《数字でみる鉄道》에 의해 작성

무사시노철도(武蔵野鉄道, 세이부철도 전신). 장소는 호야(保谷, 도쿄도 니시도쿄시), 1939년

도쿄요코하마전철(東京横浜電鉄, 도쿄급행전철 전신). 장소는 쓰나시마(綱島, 가나가와현 요코하마시), 1939년

철도가 그린 동아시아 풍경

오다와라급행철도(小田原急行鉄道, 오다큐전철 전신). 장소는 가키오(柿生, 가나가와현 가와사키시), 1940년

게이오전기궤도(京王電気軌道, 게이오전철 전신). 장소는 성선(省線 : 국철) 신주쿠(新宿, 도쿄도 신주쿠구), 1937년

도부철도(東武鉄道). 신덴(新田, 사이타마현 소카시) 부근, 1940년

게이힌전기철도(京浜電気鉄道, 게이힌급행전철 전신). 시나가와(品川)~기타시나가와(北品川), 1938년

철도가 그린 동아시아 풍경

무사시노철도(武蔵野鉄道, 세이부철도 전신). 장소는 오이즈미(大泉, 도쿄도 네리마구), 1939년

게이힌전기철도(京浜電気鉄道, 게이힌급행전철 전신), 시나가와(品川) 부근, 1920년경

게이세이전기궤도(京成電気軌道, 게이세이전철 전신). 장소는 시바마타(柴又, 도쿄도 가쓰시카구), 1912년경

게이힌전기철도(京浜電気鉄道, 게이힌급행전철 전신). 로쿠고(六郷, 도쿄도 오타구) 철교, 1915년경

게이한전기철도(京阪電気鉄道) 덴마바시(天満橋, 오사카시 기타구). 1910~1920년경(뒤에는 오사카성)

게이한전기철도(京阪電気鉄道). 요도(淀, 교토시 후시미구) 부근, 1910~1920년경

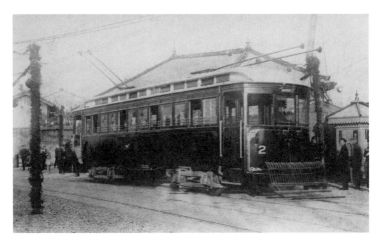

게이한전기철도(京阪電気鉄道). 노다바시(野田橋, 오사카시 미야코지마구, 현재 폐역) 부근, 1910년경으로 추정

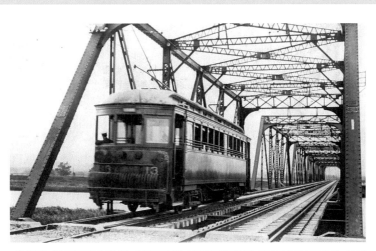

게이한전기철도(京阪電気鉄道). 야와타(八幡) 부근(우지(宇治)강 철교, 교토부 우지시), 1910 ~1920년경으로 추정

철도가 그린 동아시아 풍경

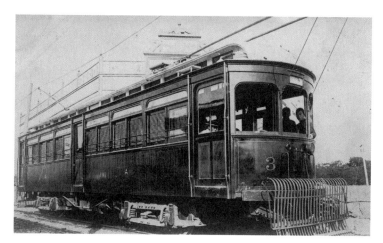

미노아리마전기궤도(箕面有馬電気軌道, 한큐전철 전신). 이시바시(石橋)역(오사카부 이케다시), 1910년경

한신전기철도(阪神電気鉄道). 산노미야(三宮, 고베시 주오구) 부근, 1910년경

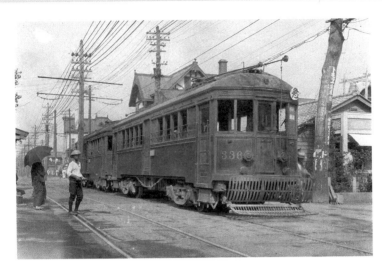

한신전기철도(阪神電気鉄道). 산노미야(三宮, 고베시 주오구) 부근, 1932년경

고야전기철도(高野電気鉄道, 난카이전기철도 전신). 1910년경 → 개통 전임.

철도가 그린 동아시아 풍경

난카이철도(南海鉄道, 난카이전기철도 전신). 장소는 스미요시(住吉, 오사카시 스미요시구), 1910년경

오사카전기궤도(大阪電気軌道, 긴키일본철도 전신). 이코마(生駒, 나라현과 오사카부 경계) 터널 동쪽, 1920년경

3. 대기업 사철(大手私鉄)의 변화

1) 2000년 초반

〈표 4〉는 2001년의 대기업 사철의 상황을 표시한 것이다. 먼저 최초로 눈에 띄는 것은 일본 사철의 최대의 특징인 흑자경영이다. 더욱이 적극적으로 철도사업 이외의 사업전개를 하고 있다. 2001년도의 사철현황을 보면 15개 사철이 모두 흑자이며 철도사업의 수지비율이 평균 52%로 나머지는 부대사업과 겸업수입이라고 할 수 있다. 특히 철도사업 비중이 낮은 기업은 서일본철도(니시테쓰) 18%, 사가미철도(소테쓰) 31%, 한신전철 37% 등이다.

〈표 4〉 대기업 사철의 현황(2001년도)

기업명	창립일	수송인원(백만 명)	종업원수(명)	영업거리(km)	수송밀도(천인/일)	철도사업종사자비율(%)	철도사업영업수입비율(%)	철도사업영업수지율(%)	전사업영업수지율(%)
긴테쓰(近鉄)	1910	663.6	9,168	594.1	59	93	66	116	114
한큐(阪急)	1907	657.9	3,651	146.5	171	81	42	125	119
게이한(京阪)	1906	315.7	2,824	88.1	141	82	48	121	112
난카이(南海)	1885	249.3	3,155	171.7	66	85	58	117	118
한신(阪神)	1899	181.2	2,165	45.1	107	50	37	118	120
메이테쓰(名鉄)	1894	337.0	6,474	502.5	33	59	65	111	116

철도가 그린 동아시아 풍경

도큐 (東急)	1923	963.4	3871	102.1	247	68	45	116	116
도부 (東武)	1897	871.1	8,624	463.3	77	76	65	129	118
오다큐 (小田急)	1923	667.6	3,753	120.5	238	80	70	131	130
세이부 (西武)	1912	607.4	3,589	176.6	136	91	50	115	112
게이오 (京王)	1910	591.2	3,495	84.7	227	58	70	116	127
게이큐 (京急)	1898	414.6	3,337	87.0	193	54	50	128	115
게이세이 (京成)	1909	251.5	3,405	102.4	93	50	60	120	113
소테쓰 (相鉄)	1917	231.1	1,892	38.1	205	56	31	126	111
니시테쓰 (西鉄)	1908	111.4	5,376	115.9	43	17	18	115	108
단순 평균		474.3	4,319	189.2	136	67	52	120	114

주 1) 수송밀도는 여객 인 km/영업 km/365일

주 2) 철도영업 수지율은 2002년 자료

자료 《近鉄ハンドブック1998》과 《鉄道統計年報》에 의해 작성

2) 2010년대

10년 후인 2011년의 경우를 보면 15개사 역시 모두 흑자를 기록하였고 철도사업의 영업비율이 68%로 향상되었지만, 여전히 서일본철도(니시테쓰) 16%, 한신전철 40%로 나머지는 부대사업과 겸업수입으로 충당하고 있다.

〈표 5〉 대기업 사철의 현황(2011년도)

기업명	창립일	수송인원(백만명)	종업원수(명)	영업거리(km)	수송밀도(천인/일)	철도사업종사자비율(%)	철도사업영업수입비율(%)	철도사업영업수지율(%)	전사업영업수지율(%)
긴테쓰(近鉄)	1910	573.5	8,603	508.1	59	93	58	121	114
한큐(阪急)	1907	603.2	2,479	143.6	161	91	57	129	129
게이한(京阪)	1906	280.6	1,664	91.1	120	87	71	113	119
난카이(南海)	1885	226.1	2,775	154.8	65	84	69	119	118
한신(阪神)	1899	205.2	1,340	48.9	113	80	40	110	128
메이테쓰(名鉄)	1894	340.4	5,142	444.2	39	82	85	108	107
도큐(東急)	1923	1,062.6	4,217	104.9	265	72	53	117	119
도부(東武)	1897	863.1	4,631	463.3	73	91	73	112	111
오다큐(小田急)	1923	710.4	3,602	120.5	252	83	74	120	123
세이부(西武)	1912	617.8	3,955	176.6	133	87	73	123	119
게이오(京王)	1910	625.4	2,386	84.7	238	84	68	112	123
게이큐(京急)	1898	437.4	1,498	87.0	194	85	74	116	114
게이세이(京成)	1909	258.8	1,721	152.3	65	92	78	122	120
소테쓰(相鉄)	1917	227.6	1,102	35.9	197	96	100	129	133

철도가 그린 동아시아 풍경

니시테쓰 (西鉄)	1908	99.1	4,208	106.1	41	16	16	119	104
단순 평균		589.6	3,613	182.3	142	82	68	119	120

주 1) 수송밀도는 여객 인 km/영업 km/365일

주 2) 철도영업 수지율과 전사업 영업 수지율은 2009년 자료

자료 《민영철도 데이터 2011》과 《鉄道統計年報》에 의해 작성. 2011년 기준 데이터

가장 최근 자료인 2014년을 보면 역시 15개 회사 모두 흑자를 기록하였고, 철도사업의 수입비중이 64%로 나머지 36%가 부대사업과 겸업수입이었다.

〈표 6〉 대기업 사철의 현황(2014년도)

기업명	창립일	수송인원(백만명)	종업원수(명)	영업거리(km)	수송밀도(천인/일)	철도사업 종사자 비율(%)	철도사업 영업수입 비율(%)	철도사업 영업수지율(%)
긴테쓰 (近鉄)	1910	563.6	7,347	508.1	58	92	56.5	119
한큐 (阪急)	1907	627.5	2,737	143.6	169	92	52.4	123
게이한 (京阪)	1906	280.5	1,346	91.1	119	85	61.3	113
난카이 (南海)	1885	227.0	2,178	154.8	66	85	61.9	113
한신 (阪神)	1899	227.2	1,107	48.9	120	80	42.3	119
메이테쓰 (名鉄)	1894	360.1	4,080	502.5	41	82	83.7	116
도큐 (東急)	1923	1,116.3	3,042	104.9	279	71	51.9	114

도부 (東武)	1897	885.0	3,937	463.3	74	91	69.3	116
오다큐 (小田急)	1923	729.2	2,969	120.5	258	83	72.3	121
세이부 (西武)	1912	628.4	3,201	176.6	133	88	70.8	123
게이오 (京王)	1910	632.7	1,987	84.7	240	82	68.4	110
게이큐 (京急)	1898	448.6	1,251	87.0	197	84	70.4	116
게이세이 (京成)	1909	266.4	1,562	152.3	67	92	78.2	109
소테쓰 (相鉄)	1917	224.6	1,015	35.9	191	96	100	123
니시테쓰 (西鉄)	1908	111.4	665	106.1	40	17	18.4	114
단순 평균		487.8	2,562	181.5	137	81	64	116

주) 수송밀도는 여객 인 km/영업 km/365일

자료 《大手民鉄の素顔 : 大手民鉄鉄道事業データブック2015》, 一般社団法人, 日本民営鉄道協会, 《数字でみる鉄道》에 의해 작성

〈표 6〉을 보면 대기업 사철 15사라고 해도 그 규모나 대상이 되는 시장 면에서 적지 않은 차이가 있음을 알 수 있다. 예를 들어 영업거리 면에서도 보면 500km 전후의 철도망을 운영하는 긴키일본철도(긴테쓰), 나고야철도(메이테쓰), 도부철도로부터 50km에도 못 미치는 사가미철도(소테쓰), 한신전철까지 10배 이상의 차이가 존재한다.

이러한 광역철도 영업 이외에도 도시권 수송에 특화해서 있는 경우에는 당연히 광역철도와는 다른 전략의 차이가 존재할 것이다. 연간수송인원에서 보면 도큐전철과 같이 1,100만 명을 넘는 기업부터 110만 명의 서일본철도(니

시테쓰)까지 10배의 차이가 난다. 더욱이 기업 전체의 종업원 수에서 철도사업 종사자가 점하는 비율은 기본적으로 8할 이상이지만[3] 그 가운데에서도 서일본철도(니시테쓰)같이 2할에 점하는 회사도 존재한다.

대기업 사철의 변화를 보면 수송인원이 증가하였다가 최근 감소추세를 보이고 있지만 종업원 수는 지속적인 감소추세로 경영합리화를 꾀하고 있다. 또한 철도사업만으로도 모두 흑자를 기록하고 있으며 철도사업의 영업수입 비율이 증가하고 있는 것을 알 수 있다. 이는 도쿄메트로가 2004년 민영화되어 포함된 영향도 있다. 2011년 기준으로 도쿄메트로는 철도 종사자의 비율이 93%, 철도사업의 영업수입비율이 97%를 차지하고 있다.

영업거리당 종업원 수를 계산해 보면 2001년에 22.8명 2011년 19.8명, 2014년 14.1명으로 감소하였다. km당 수송인원을 보면 2001년에 2,506명, 2011년에 3,234명, 2014년에 2,687명으로 계산되었다. 이를 통해 인력의 효율화가 추진된 것을 알 수 있으며, 2014년에 수송인원이 감소하였지만 대체적으로 영업거리당 수송인원은 늘고 있다.

〈표 7〉 대기업 사철의 변화(평균치)

연도	창립일	수송인원(백만명)	종업원 수(명)	영업거리(km)	수송밀도(천인/일)	철도사업 종사자 비율(%)	철도사업 영업 수입비율(%)	철도사업 영업수지율(%)
2001년	1908	474.3	4,319	189.2	136	67	52	120

....

3) 이전은 겸업을 동일 기업 내에서 했다. 하지만 그룹 회사로서 독립되어 행하는 것에 대해서 각사의 역사적 경위 및 전략에 의해 다양한 차이가 있지만(예를 들면 2001년도에는 8할을 넘는 회사는 6사였던 것에 대해서, 50%대의 기업도 6사였다), 연결재무제표의 작성이 의무 부여되는 등 회계 규칙의 변경도 있어, 근년은 각사 모두 같은 값을 가지게 되었다.

| 2011년 | 1908 | 589.6 | 3,613 | 182.3 | 142 | 82 | 68 | 119 |
| 2014년 | 1908 | 487.8 | 2,562 | 181.5 | 137 | 81 | 64 | 116 |

한편 영업거리에 따라서 사철을 분석해 보면 400km 이상일 경우에는 3개 사가 있으며 그 중 하나는 도쿄지역에 위치했지만, 이도 중심이 아니어서 수 송밀도는 높지 않다. 그리고 철도사업의 비중이 다른 그룹보다 높은 것을 알 수 있다. 100~400km 규모의 회사는 철도사업이 매우 효율적으로 운영되어 수송밀도도 높고 철도사업의 영업수지 비율이 가장 높은 것을 알 수 있다.

〈표 8〉 영업거리에 따른 사철분석

영업거리 (km)	수송 인원 (백만 명)	종업원 수(명)	영업 거리 (km)	수송 밀도 (천인/ 일)	철도사업 종사자 비율(%)	철도사업 영업수입 비율(%)	철도사업 영업수지율 (%)
400km 이상(3사)	602.9	5,121	491.3.2	57.6	88.3	69.8	117
100-400km (7사)	599	2,702	147.9	164.1	87	67.12	133.2
100km 미만(5사)	362.7	1,3411.2	69.52	173.4	85.4	68.48	116.2

지역별로 보면 도쿄지역은 지역 특성상 수송밀도가 높아 수입구조가 매우 유리하다.

한편 오사카 5개사는 철도사업의 비율이 54.9%로 나머지가 부대사업과 겸업수입으로 철도 이외의 수입이 높은 것을 알 수 있다.

철도가 그린 동아시아 풍경

권역	수송인원 (백만 명)	종업원 수(명)	영업 거리 (km)	수송 밀도 (천인/ 일)	철도사업 종사자 비율(%)	철도사업 영업수입 비율(%)	철도사업 영업 수지율 (%)
도쿄권(8사)	616.4	2,370.5	153.2	179.9	85.9	72.7	116.5
오사카권(5사)	385.2	2,943	189.3	106.4	86.8	54.9	117.4
나고야(1사)	360.1	4,080	502.5	41	82	83.7	116
후쿠오카(1사)	111.4	665	106.1	40	17	18.4	114

일본 사철 발전에 있어 경편철도에 대한 지원 등이 정해진 1910년을 기준으로 구분해 볼 경우, 1910년 이전에 설립된 8개사의 경우는 철도사업 비중이 낮고 부대사업 비중이 높은 것을 알 수 있다. 이에 비해 그 이후에 만들어진 기업들은 인구밀집 지역에 집중적으로 설립되어 철도사업의 비중이 높은 것을 알 수 있다.

〈표 10〉 설립에 따른 사철사업

구분	수송인원 (백만 명)	종업원 수(명)	영업 거리 (km)	수송밀도 (천인/일)	철도사업 종사자 비율(%)	철도사업 영업수입 비율(%)	철도사업 영업 수지율 (%)
1910년 이전 설립(9개사)	381.5	1,984.8	194.4	99.2	78.7	59.8	115.4
1910년 이후 설립(6개사)	712.1	3,260.2	171.8	193.2	85.3	67	118.3

또한 2014년 자료를 바탕으로 사철기업의 효율성을 분석해 보면 km당 종업원 수는 서일본철도(니시데쓰)가 6.2명으로 가장 낮고 도쿄급행전철(도큐)이 가장 높아 28.9명이다. km당 수송인원은 도쿄급행전철(도큐)이 가장 높

아 10,641명을 수송하였다. 사철 평균치는 km당 종업원 수가 14.1명, 수송 인원은 2,687명이었다.

〈표 11〉 사철 각사의 효율성 분석

기업명	km당 종업원 수(인)	km당 수송인원(천명)
긴테쓰(近鉄)	14.4	1,109
한큐(阪急)	19	4,369
게이한(京阪)	14.7	3,079
난카이(南海)	14	1,466
한신(阪神)	22.6	4,646
메이테쓰(名鉄)	8.1	716
도큐(東急)	28.9	10,641
도부(東武)	8.4	1,910
오다큐(小田急)	24.6	6,051
세이부(西武)	18.1	3,558
게이오(京王)	22.4	7,469
게이큐(京急)	14.3	5,156
게이세이(京成)	10.2	1,749
소테쓰(相鉄)	28.2	6,256
니시테쓰(西鉄)	6.2	1,078
단순 평균	14.1	2,687

JR회사와 비교해 보면 2014년 기준으로 사철의 수송밀도는 137천명/일에 비해 JR 6개사의 평균값은 53천명/일로 사철이 더 효율적이고 사업성이 높은 것을 알 수 있다.

이중에서 철도사업의 영업수입 비율이 평균치에 가까운 2개 사철의 사례를 살펴보고자 한다.

3) 한큐전철(阪急電鉄), 도부철도(東武鉄道)와 게이오전철(京王電鉄)(대규모 사철)

한큐전철을 만든 고바야시 이치조(小林一三)는 사업을 다각화하는 데 전략이 있었다. 비용을 싸게 하여 많은 사람들이 철도를 이용할 수 있게 하는 것이었다. 분양주택과 백화점은 택지비용과 물류비용을 싸게 하고 가격을 낮춰서 많은 사람들이 이용하게 하였고 (분양주택에도) 월세 개념을 도입하였다. 4,000석의 극장, 대규모의 식당에서 카레를 판매하여 많은 사람들이 이용하게 하면서 가격을 싸게 했다.

도부철도는 1897년 설립되었고 영업거리는 463.3km, 203개 역을 운영하고 있다. 자회사 89사, 관련회사 11사(연결자회사 85사, 지분법적용 관련회사 6사)이다. 주로 영업지역을 도쿄지역으로 하고 있으며, 사업은 철도사업 이외에 운수, 레저, 부동산, 유통사업을 하고 있다. 2016년 경영현황을 보면 영업수입이 5,688억 엔, 영업이익은 683억 엔이었다. 영업수입 비율은 운수사업이 38%(철도 28%, 버스 10%), 레저사업(유원지, 관광업, 여행업, 호텔업, 스카이트리사업 등)이 1.3%, 부동산사업이 9.8%, 유통업(역매점, 백화점)이 34.2%, 기타(건설업)가 16.7%를 나타냈다.[4] 종합적으로 운수사업이 38%, 부대사업 및 겸업사업이 62%였다.

한편 게이오전철은 1948년 설립, 84.7km, 69개 역을 운영하고 있다. 자회사 59사, 관련회사 7사이다. 2016년 경영성적은 영업수입이 4,189억 엔, 영업이익은 379억 엔이었다. 영업수입 비율은 운수사업 31%(그중 20%, 버

---

4) 2016년도 도부철도 결산보고서

스 11%), 유통업(백화점, 쇼핑센터 등) 37.3%, 부동산업 10%, 레저서비스업(호텔업, 여행업 등) 18%, 기타 업(빌딩관리업, 차량정비업 등)이 14%를 차지하고 있다. 종합적으로 운수사업이 31%, 부대사업 및 겸업사업이 69%이다.[5]

두 회사를 통해 알 수 있듯이 운수업 이외의 비중이 높은 것을 알 수 있다. 이는 철도회사의 영향력이 다양한 분야에 미치고 있음을 짐작하게 한다.

4. 사철의 경쟁력 분석

다각적인 사업전개는 대기업 사철만의 사업이 아니다. 〈표 12〉는 1995년도 철도기업 각 사업의 영업수입이 기업 전체의 영업수입에서 차지하는 비율의 각사 평균치를 나타낸 것이다. 표에서 알 수 있듯이 대기업 사철(大手사철) 15개사의 단순 평균으로서는 철도사업의 비중은 51%, 중소 사철 63개사는 38%에 불과하다. 즉, 대기업 사철에는 약 50%, 중소 사철에는 약 60%가 다른 사업으로 수입을 얻고 있다. 그 가운데 중소 사철의 영업수입 중에서 자동차사업이 차지하는 비율이 높아 63개 회사 평균이 32%라는 높은 비중을 차지하고 있다.

....

5) 2016년도 게이오전철 결산보고서

	기업 수 (개)	다각화 지수	영업수지율	영업수지 구성비			
				철도	자동차	부동산	기타
대기업 사철	15	42.87	115	51%	11%	21%	17%
중소 사철	63	40.46	100	38%	32%	13%	17%

주 1) 각각의 수치는 각 회사의 수치를 단순 평균한 것임.
주 2) 영업수지율은 각 기업의 영업수입을 영업비용으로 나눈 것임.
주 3) 다각화지수 DI=$[1-\sqrt{\Sigma \ pi^2}]\times100$을 계산한 것임. pi는 i사업의 매상고 구성비

　　원래 자동차부분의 중심인 버스사업은 철도보다도 수송밀도가 적은 노선에 적합한 교통기관이라고 말할 수 있다. 실제로 이용객의 감소에 의해 채산을 맞추는 것이 곤란한 철도노선의 대체교통수단으로서 버스가 도입된 경우가 많다. 따라서 중소 사철은 상대적으로 인구밀도가 적고, 수송수요가 낮은 지역을 기반으로 사업을 행하고 있는 것이 대부분임을 생각한다면 버스사업의 비중이 높다고 생각할 수 있다. 아마 철도노선과 보완적인 관계에 머무르지 않고 네트워크를 형성하고 있는 것으로 판단된다.

　　2014년 각 부문의 영업수지율을 보면 대기업 사철에서는 철도업과 부동산, 중소 사철에서는 부동산의 수지율이 높다. 이는 중소 사철이 도시가 아닌 지역에서 운영되어 철도수입 비중이 높지 않은 것을 반영하고 있다.

　　한편 철도와 연계하는 자동차사업은 경쟁력이 있어 중소 사철의 경우 자동차사업이 철도부문과 거의 수지 균형 상태에 머무르고 있다.

	기업 수 (개)	영업수지 구성비			
		철도	자동차	부동산	기타
대기업 사철	15	64%	10%	11.5%	14.5%
중소 사철	63	30%	30%	17%	23%

〈표 14〉에서는 수송밀도별로 수송시장에 이렇다 할 혜택을 보고 있지 못하는 중소 사철(수송밀도 4만 명 이하)의 채산상황을 보여주고 있다. 여기서 채산성의 지표로서는 철도부분의 영업수입을 영업비용으로 나눈 영업수지율을 사용하고 있다. 즉, 영업수입이 영업비용을 넘으면 이 수치는 100%를 넘는 것이다. 또한 부대사업부문을 합해서 사업 전체로서 채산성이 있는가를 나타내고 있다. 〈표 14〉를 보면 결코 고밀도의 시장을 가지고 있지 않은 기업체의 대부분이 흑자를 달성하고 있다. 63개 회사 중 29개 회사가 철도부문에서 영업 흑자를 기록하고 있으며, 더욱이 9개 회사는 영업수입에서 영업비용(감가상각비를 포함)의 95% 이상을 충당하고 있다. 다만 철도노선 주변의 수요가 많지 않은 철도회사는 반드시는 채산성을 달성하고 있지는 않다.

〈표 14〉에서 나타난 중소 사철을 보면, 독립채산원칙이 유지되며 다수의 사철이 존속할 수 있었던 주된 이유가 높은 효율성과 그것을 지지하는 우수한 경영이 있었기 때문이라고 할 수 있다.

〈표 14〉 중소 사철의 수송밀도와 채산성(1995년도)

수송밀도 인 km/일/ 영업 km	회사 수 (개)	철도부문의 영업수지율				영업 흑자 회사 수	경상 흑자 회수 수
		~80%	80~95%	95~100%	100% 이상		
20,000~ 40,000	5	0	0	1	4	5	2

10,000~20,000	10	0	0	0	10	9	9
8,000~10,000	0	—	—	—	—	—	—
6,000~8,000	8	0	3	0	5	3	2
4,000~6,000	5	3	1	1	0	2	2
2,000~4,000	13	0	5	3	5	6	4
0~2,000	21	11	5	4	1	8	5
합계	62	28	9	14	11	33	24

주 1) 고베대지진을 고려해 산요전기철도(山陽電気鉄道)와 고베전철(神戸電鉄)은 1994년도 자료
자료 〈철도통계연보〉에 의해 작성

〈표 15〉는 운송밀도별로, 이러한 운송 시장에 비교적 혜택을 받지 못한 중소 사철[6] (운송밀도 2만 명 이하)의 채산 상황을 나타낸 것이다. 여기서 채산성의 지표로서는, 철궤도부문의 영업수입을 경영비용으로 나눈 영업수지율을 사용하고 있다. 즉, 영업수입이 영업비용을 상회하면 이 값은 100%을 넘게 된다. 참고로 구미에서는 설비에 대해서는 공공이 사회 인프라로 정비하는 것이 일반적인 것을 감안, 감가상각 전에 흑자인가 어떤가를 포함해서 표시하고 있다. 같은 표에서 명백하게 높은 밀도의 시장에 직면하지 않은 기업체에서는 어려운 경영 상황이지만, 운송밀도가 8,000명~20,000명인 기업 9개사 중 7개사, 4,000~8,000명이라도 15개사 중 11개사가 영업 흑자를 달성하고 있다. 더욱이 상각 전에 적자가 된 것이 후자의 1개사

....

6) 신교통 · 모노레일의 운행사업자 및 주로 노면전차 사업을 행하는 사업자를 제외한다.

밖에 없다. 4,000명을 끊으면 적자 기업의 수는 늘어나고 있지만, 그래도 2,000~4,000명에서는 14개사 중 6개사가 흑자로(상각 전이라면 8개사), 더욱이 5개사가 영업 수입으로 그 경영비용(감가상각비를 포함)의 8할 이상을 차지하고 있다.

　과연 운송밀도가 1,000~2,000명의 그룹이 되면, 영업 흑자를 달성하고 있는 기업은 19개사 중 2개사밖에 없지만, 상각 전 흑자라면 8개사, 영업수입이 영업비용의 8할 이상을 차지하고 있는 회사는 흑자 회사를 포함해 13개사이다. 국철의 경영 악화 때, 로컬선 문제를 검토하고자 도마 위에 올렸을 때 운영 개선을 위해 적절한 조치를 강구하더라도, 또 수지의 균형을 확보하는 것이 국철로서는 곤란한 것이 된 선구의 운송밀도의 기준이 8,000명/일 · km 미만이었다. 그리고 이러한 영업 선구를 지방 교통선으로 부르고, 그 중 운송밀도 4,000명 미만의 선구 중 버스 전환이 적당한 노선(선로장이 긴 곳 등이 대상에서 제외되었다)을 특정 지방 교통선(83선구)으로 했다. 그 점을 보면 2,000~4,000명이라도 많은 기업이 흑자를 달성하고 있는 것은, 이들 중소 사철의 경영 노력이 나타나고 있다고 할 수 있다.

〈표 15〉 중소 사철의 수송밀도와 채산성(2013년도)

수송밀도 인 km/일/ 영업 km	회사 수 (개)	철도부문의 영업수지율					감가상각 전 흑자로 계상되는 회사 수
		~70%	70~80%	80~90%	90 ~100%	100% 이상	
10,000~ 20,000	8	0	0	1	1	6	8
8,000~ 10,000	1	0	0	0	0	1	1
6,000~ 8,000	5	0	0	1	0	4	5

4,000~6,000	10	0	0	1	2	7	9
2,000~4,000	14	2	1	2	3	6	8
1,000~2,000	19	4	2	6	5	2	8
0~1,000	29	20	2	4	2	1	2
합계	86	26	5	15	13	27	41

주 1) 수송밀도가 2만 명 이하의 중소 사철 중 제3종철도사업자를 제외한 표이다.

주 2) 여객수송사업보다 화물 수송사업이 매상고를 상회하는 미즈시마임해철도(水島臨海鉄道)나 상하분리에 의해 제3종사업자로부터 인프라 보수를 수탁하는 하는 경우, 정비신간선의 평행재래선로로서 철도선로수입이 있는 경우 등도 존재한다.

자료 〈2013년 일본 철도통계연보〉에 의해 작성

〈표 16〉에서 중소 사철의 경우 수송밀도에 따른 경영성적을 보면 최소 4,000~6,000명/일 · km이 되어야만 감가상각 전 흑자로 될 수 있는 수요라고 할 수 있다.

〈표 16〉 중소 사철의 철도 수송밀도에 따른 경영성적(2013년)

수송밀도 인 km/일/영업 km	회사 수 (개)	감가상각 전 흑자로 계상되는 회사 수(개)	비율(%)
10,000~20,000	8	8	100
8,000~10,000	1	1	100
6,000~8,000	5	5	100
4,000~6,000	10	9	90
2,000~4,000	14	8	57
1,000~2,000	19	8	42
0~1,000	29	2	7
합계	86	41	47.6

중소 사철에서 철도의 영업수지 비율이 평균값에 비슷한 고베전철(神戶電鉄)의 사례를 소개하고자 한다. 고베전철은 1926년 설립, 69.6km, 5개 노선, 47개 역을 운영하고 있다. 자회사 7개사, 관계회사 2개사이다. 2016년 경영성적을 보면 영업수입이 231억 엔에 영업이익이 22억 엔을 기록하였다. 수입비율을 보면 운수업이 55%, 부동산업이 9%, 유통업(식품슈퍼 등) 28%, 기타(건설업, 건강보육사업)가 8%를 기록하였다. 운수업이 55%, 부대사업 및 겸업이 45%를 기록하였다.[7]

한편 지방 사철(지방자치단체와 협력모델)이지만 관광사업으로 활성화를 모색하는 사례가 있다. 와카사철도(若桜鉄道)의 역사를 보면 1987년 국철민영화 시 폐지예정이었지만, 이 철도를 살리려고 지방자치단체인 돗토리현(鳥取県)이 적극적으로 나섰다. 전체 19.2km의 와카사철도는 상하분리방식으로 운영되고 있으며, 지방자치단체와 민간의 협력인 제3섹터방식의 철도운영이 되고 있다.

인프라는 철도가 지나고 있는 자치단체가 소유하고 있으며, 와카사철도 주식회사 주주는 와카사초(若狭町, 초는 면에 해당) 32.8%, 야즈초(八頭町) 32.7%, 돗토리현(鳥取県) 15%, 돗토리시(鳥取市) 9.6%, 기타 지역의 금융기관이 10%를 소유하고 있다. 자본금은 1억 엔이며, 직원은 15명, 사장은 일반 공모를 통해 선출된 민간인 사장이 운영하고 있다. 운임은 기본구간에서 100엔으로 저렴하게 운영하고 있다. 와카사철도 운영은 지방의 인구감소로 경영이 매우 어렵다. 초기 매년 약 4,000만 엔의 적자를 기록했다. 적자액은 초기 지방자치단체가 출연한 6억 엔의 운영기금에서 보전해 주었다. 운

<hr>

7) 2016년도 고베철도 결산보고서

철도가 그린 동아시아 풍경

영기금은 은행이자 등으로 증액되었다.

이러한 경영상의 문제가 서서히 해결된 것은 2006년부터 연간 약 800만 엔의 영업 외 수입이 급격하게 증가하면서였다. 영업 외 수입의 대부분은 관광객이 방문하여 각종 이벤트에 참가하면서였는데 봄철의 벚꽃 축제를 비롯하여 지역 축제에 철도회사가 적극적으로 함께 참여하면서였다. 와카사철도는 약 20km의 짧은 구간이지만 아름다운 자연을 활용하여 지역주민과 관광객이 편리하게 이용할 수 있는 철도를 운영하는 것을 목표로 하고 있다. 각 역은 관광객이 좋아할만한 다양한 특징을 가지고 있는데 그 중 하야부사(隼) 역은 등록유형문화재로 지정되어 있으며, 이를 적극적으로 보존, 활용하고 있다. 현재는 무인역으로 운영되고 있지만 예전 역의 모습을 그대로 간직하고 있으며, 하야부사역을 지키는 약 200명의 모임을 중심으로 철도자료관을 만들어 운영하고 있다. 철도자료관에는 1932년 만들어진 이후 하야부사역의 흐름을 알 수 있도록 운임표, 시각표 등 자료와 디오라마 등으로 철도와 지역을 보여주고 있다. 또한 철도화물과 수화물을 취급한 흔적인 무게를 계량하는 계량기가 예전 모습 그대로 남아 있다.

와카사철도를 홍보하고 지키는 노력 중의 하나가 매년 8월 8~9일에 열리는 하야부사역 축제이다. 하야부사를 지키는 모임에서 아이디어를 내서 스즈키(スズキ)주식회사의 1,300cc의 고급 오토바이인 하야부사를 가진 사람들을 초청하여 모임의 장을 만들어 주고 즐길 수 있도록 배려하였다. 2009년에 시작되어 매년 약 1,000여 명의 하야부사를 즐기는 사람들과 철도를 좋아하고 사랑하는 사람들이 모여들고 있다. 이는 철도회사와 지방자치단체, 기업이 협력하는 모델이 되고 있다. 특히 2015년 8월 8일~9일에는 바이크 1,000대, 자동차 200대가 참가했다고 전해진다.

와카사철도 활성화를 위해서 여러 가지 기획을 함께 하고 있는데 증기기관

하야부사역의 철도자료관

차 운행을 위해 2015년 초에 증기기관차를 시험운행하고 본격적인 운영을
준비하고 있다.

5. 시사점

일본 사철의 특징을 보면 다음과 같이 요약될 수 있다. 일본 사철은 독립채
산제의 원칙으로 보조금이 없는 상태로 운영되지만 도시지역의 높은 수송밀
도와 지방의 부대사업 등을 기반으로 매우 효율적인 경영을 하고 있음을 알
수 있다. 역사적으로도 100년이 넘는 사철회사가 대부분으로 지역 밀착형의
사업을 효율적으로 진행하고 있다. 역을 중심으로 한 백화점, 여행업, 유통
업 등 다양한 사업이 철도사업의 흑자경영의 비결이라고 할 수 있다. 이 연구

매년 8월 8일~9일 하야부사역 축제

에서 밝혀진 내용을 요약하면 다음과 같다.

우선 대기업 사철은 모두 흑자를 기록하고 있는데, 특징으로는 가장 인구가 밀집한 지역인 도쿄는 철도사업 중심으로 운영되고 있음을 알 수 있다.

한편 오사카의 경우는 부대사업 비율이 높은 특징을 보이고 있는데, 1910년 이전의 전통적인 사철기업의 경우가 부대사업비율이 높은 것을 알 수 있다. 영업거리가 400km 이상일 경우 3개사인데 지역이 도쿄지역이 아니라 수송밀도는 높지 않지만, 철도사업의 비중이 다른 그룹보다 높다. 100~400km 규모의 회사는 철도사업이 매우 효율적으로 운영되어 수송밀도도 높고 철도사업의 영업수지 비율이 가장 높은 것을 알 수 있다.

중소 사철의 경우도 경쟁력 있는 기업이 많으며 최근 와카사철도에서 보듯이 지방에 위치해 수요가 없는 철도의 경우도 관광 등으로 활성화하여 경영이 합리화되고 있다.

현재 사철은 철도사업뿐만 아니라 일본에서 가장 유명한 극단인 다카라즈카(宝塚)극장(한큐전철)의 운영, 스포츠센터, 호텔, 택지개발사업 등을 포함하여 종합적인 도시·리조트사업에 참여하고 있다.

이와 같은 사철의 성공 이유는 첫 번째로 수송밀도가 높은 곳에서 사업을 시작하였다. 특히 도시권 수송(도쿄권, 오사카권, 나고야권)을 중심으로 사철이 발달하여 수익성 확보가 용이하였다. 두 번째로는 철저한 기업경영을 유지할 수 있었다. 이른바 공공성과 지역의 요구보다는 기업의 수익성을 우선하여 사업을 추진하였다. 이러한 배경에 대해 알아보면 철도사업에 대한 정부의 입장은 사철의 자연독점성으로 인한 정부 규제에 대해 예외를 인정하고, 자유로운 사업을 보장하였다는 점이다. 이에 기업은 다양한 사업에 진출할 수 있었으며, 그 결과 공공성의 부담이 적어 기업의 모든 판단기준은 수익성에 귀결되었다. 세 번째로는 경영전략으로 궁극적으로 지역개발과 지역의 효용성 증진에 노력하였다. 항상 장기적인 경영 개념에서 지역의 효용 증진에 노력하며, 지역주민의 편익을 증진한다는 경영철학이 있었다. 사철은 상하일체형으로 운영되기 때문에 단기적인 경영전략의 도입(Hit-and-Run)이 어렵고, 항상 철도 주변의 지역발전에 관심을 가질 수밖에 없었다. 네 번째로는 일본 철도정책의 특징 중의 하나인 '여객수송서비스공급의 필요성은 수익성을 원칙으로 한다'는 것도 크게 작용하였다.

이제 우리나라 철도사업은 상하분리형의 공사화와 함께 새로운 시대를 맞이하고 있다. 즉, 우리의 철도에 대한 개념과 종래의 수익모델도 바뀌어야 할 때가 온 것이다.

결론적으로 일본 사철은 '흑자 되는 사업만을 계속 유지하고 있다'는 매우 평범한 진리를 우리에게 전해 주고 있다.

제3장

재미있고 역사가 깊은 일본 사철

재미있고 역사가 깊은 일본 사철

1. 들어가며

지금까지 일본 사철의 역사와 현황 그리고 각 사철회사들의 여러 모습들을 살펴보았다. 무엇보다 일본의 사철은 국철(현재는 민영화되어 JR)과는 다르게 자유롭게 아이디어를 내고 적용할 수 있는 환경, 이윤을 극대화하기 위한 노력, 다른 철도회사 및 교통수단과의 경쟁 등 복합적인 요인 때문에 다른 곳에서는 찾아볼 수 없는 독특한 운영방식과 그들만의 노하우가 곳곳에 숨어 있다. 여기서는 각 철도회사의 재미있는 운영방식 및 차량설계의 특징들을 중점적으로 살펴보도록 한다.

2. 일본 사철의 다양한 급행열차 시스템

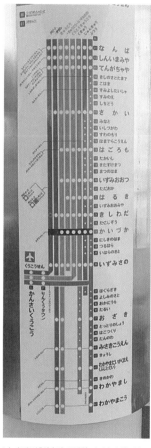

난카이전철(南海電鉄)의 복잡한 완급 결합 예시. 특급 라피트부터 공항급행, 준급, 각역정차까지 다양한 등급이 운영된다.

　일본의 대기업 사철회사들은 기본적으로 여러 등급으로 열차를 운용하고 있으며, 특히 유료특급을 운영하는 회사도 있다. 그런가 하면 유료특급을 운행하지 않더라도 여러 차별화된 급행 등급으로 승객들을 유인하고 있다. 우선 일본의 사철회사들은 기본적으로 역간 거리가 1~2km로 JR그룹 회사(구 국철)보다는 상당히 짧은 편이며, 이는 간선에 비해 역이 조밀하게 설비되어 있기 때문에 승객들이 원하는 목적지로 다른 연계교통을 이용하지 않고도 편리하게 열차를 이용할 수 있는 기반이 된다.

　우리나라의 경우에는 전철역에서 내리더라도 마을버스 등으로 환승해야 거주지로 갈 수 있는 반면에, 일본의 사철은 거의 1km마다 하나씩 역이 있어서 역에 내린 뒤에 자전거 등을 이용해서 바로 집으로 갈 수 있는 장점이 있다.

1) 급행 운용의 기본 개념

역간 거리가 짧기 때문에 일반 각역정차 열차로는 소요시간이 너무 오래 걸려서, 급행의 운용과 대피선의 설치는 거의 필수로 받아들여지고 있다. 게 다가 사철의 오랜 기간 운영 노하우가 더해져서, 급행과 각역정차의 이원화 시스템으로 운영되지 않고, 급행의 파생등급이 계속 생겨나서 상당히 많은 등급의 열차가 운용되고 있다. 호평을 받은 등급은 존속되나 승객이 외면하 는 열차등급은 폐지되는 등의 보완 작업을 통해 다양한 열차 운용이 현재까 지도 이어지고 있다.

일본 대기업 사철의 급행 운행은 다음과 같은 기본적인 프로세스에 따라 진행된다. 각역정차 열차 위주인 우리나라에 비해, 일본의 사철 노선들은 급 행열차를 메인으로 움직이고, 급행열차가 장거리 승객들을 빠른 속도로 수송 하는 것을 주안점으로 삼고 있다. 각역정차 열차는 급행열차를 보조하며, 급 행열차가 정차하지 않는 곳에서 급행 정차 역으로 빠르게 승객들을 수송하는 역할을 담당한다. 즉, 우리나라에서는 각역정차 열차를 타도 장거리를 이용 할 때 어느 정도의 소요시간이 보장되지만, 일본에서는 계속 각역정차 열차 에 앉아 있으면 계속되는 대피와 장시간 정차로 소요시간이 상당히 오래 걸 리기 때문에 장거리 이용 시 급행으로의 환승이 강제되는 편이다. 예를 들어 거주지가 오모리마치역(KK09) 부근이고, 회사가 게이큐가와사키역(KK20) 에 있는 직장인이 있다고 가정할 때, 이 직장인이 아침에 출근을 하려면 오 모리마치역(KK09)에서 보통열차(각역정차, 일반열차)에 승차한 뒤 게이 큐가마타역(KK11)에서 급행이나 특급으로 환승을 하여 게이큐가와사키역 (KK20)으로 가는 것이 자연스럽다. 퇴근할 때도 마찬가지로 게이큐가마타 역(KK11)에서 환승을 하여 보통열차로 갈아타는 것이 훨씬 소요시간이 적게 든다.

2018년 현재 시각표에서 보통열차로만 오모리마치역(KK09)에서 게이큐가와사키역(KK20)으로 갈 때 소요시간은 14분이나, 급행이나 쾌특 등으로 갈아타는 방법을 택하면 10분이 걸린다. 단거리를 예로 들었지만, 장거리를 가게 되는 경우 소요시간의 차이는 엄청나게 커진다.

이렇게 되는 것은 대피시간 때문인데, 보통열차는 오모리마치역(KK09)에서 게이큐가마타역(KK11)까지는 빠른 속도로 이동하지만, 게이큐가마타역(KK11)에서 특급열차를 먼저 보내고 대피선에서 오랜 시간 대기를 하게 된다. 한 대의 열차를 보내는 경우도 있지만 어떤 경우는 두 대의 열차를 대피하게 되는 경우도 있다. 예를 들어 보통열차의 게이큐가마타역(KK11) 도착이 09시 07분이고 5분 동안 대기한 뒤 출발한다. 대피하는 중에 특급열차가 09시 09분에 도착하여 10분에 출발하고, 그 뒤에 보통열차가 12분에 출발하게 되므로, 승객들 입장에서는 무조건 환승이 이익이다.

대부분의 대기업 사철회사에서는 이런 형식으로 급행열차를 운용하고 있으며, 급행 위주의 열차운용체계가 잘 잡혀 있다. 즉, 장거리 승객들과 단거리 승객들의 분리가 확실해지며, 보통열차는 단거리 위주로 짧게 끊어 타는 승객들 또는 장거리 환승 수요를 잡고, 급행열차는 장거리 위주로 멀리 가는 승객들이 주로 승차하게 된다.

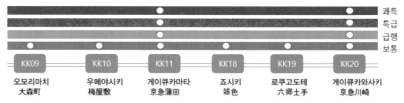

게이큐 본선 오모리마치(大森町)~게이큐가와사키(京急川崎) 구간의 정차역

철도가 그린 동아시아 풍경

게이큐 본선 헤이와지마(平和島)역에서 대피하고 있는 보통열차의 모습. 보통열차에서 내린 승객들이 맞은편 승강장에 오는 급행열차를 기다리고 있다.

놀라운 것은 이 모든 것이 복선 선로 위에서 이루어진다는 것이며, 중간에 대피선과 통과선의 설치로 쏟아지는 모든 수요와 열차들을 감당해 낸다는 것이다. 이를 실행하기 위해서는 정시성의 엄수가 꼭 필요하며 초단위로 시각을 맞춰서 정확히 이를 지켜내야 시각표가 꼬이지 않고 제 시간에 승객들을 수송할 수가 있다. 그런데 일본의 주요 대기업 사철회사에서는 이 불가능해 보이는 것을 최선을 다해 추구하고 있다.

2) 급행 운용의 사례 – 게이힌급행전철(京浜急行電鉄, 약칭 게이큐)

도쿄 지역의 시나가와(品川)와 가나가와현(神奈川県) 지역의 요코하마(橫浜), 구리하마(久里浜)를 잇는 게이큐는 예전부터 국철과 겹치는 구간이 많아 다양한 경쟁과 도전에 직면했다. 특히 시나가와역~요코하마역 구간에서는 국철(현재 JR동일본)의 도카이도(東海道) 본선, 게이힌도호쿠(京浜東北)

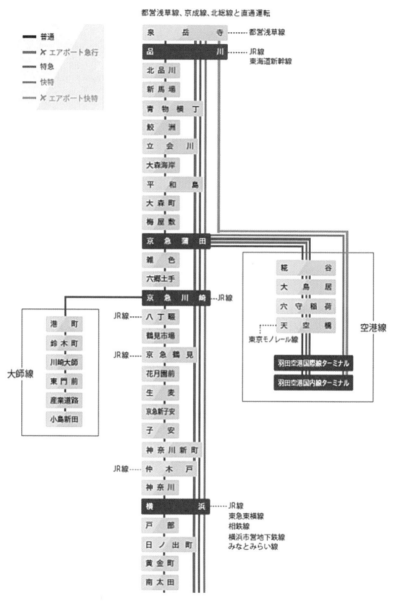

게이큐 본선 및 공항선 정차 등급표 일부(출처 : 게이힌급행전철 홈페이지)

선 등 강력한 병행노선이 나란히 달리고 있지만 고속을 낼 수 있는 구간이 많지 않고, 역간 거리는 상당히 짧고, 철도건널목이 곳곳에 산재해 있는 등 매우 열악한 환경 가운데 있었다. 그래서 게이큐 차량의 고성능화, 급행 운용, 직통운행 활성화 등으로 이 난관을 차례차례 극복하였다.

이 중에서 여기서는 케이큐의 선진화된 급행 운용에 대해 살펴본다.

게이큐의 열차등급은 총 5개로, 공항으로 가는 논스톱 열차인 에어포트 쾌특, 상당히 많은 역을 통과하는 특급 개념의 쾌특(별도의 특급요금은 없다), 쾌특보다는 조금 더 정차역이 많은 특급 그리고 에어포트 급행, 마지막으로 보통 등급이 있다. 이 5개의 등급이 복선 선로에서 원활하게 운영되게 하려면 상당히 고난이도의 시각표 운용 능력이 필요한데, 이를 위해 사메즈(鮫洲) 역에는 통과선이, 헤이와지마(平和島)역과 게이큐가마타(京急蒲田)역, 게이큐가와사키(京急川崎)역, 게이큐쓰루미(京急鶴見)역, 나마무기(生麦)역, 고야스(子安)역, 가나가와신마치(神奈川新町)역 등의 역에 대피선이 설치되어 있다.

게이큐의 신형 스테인리스 차량인 1000형 1,600번대. 선두차에 모터가 달려 있는 형태로 안정성을 확보하였으며 다이렉트마운트 볼스터 대차를 채택하였다.

게이큐의 쾌특 등급은 상당히 정차역이 적은데, 시나가와(品川)역에서 요코하마(横浜)역까지 중간에 단 2역만 정차하고 있으며, 8량 편성 기본에 출퇴근시간대에는 최대 12량까지 열차가 운행하기도 한다. 12량은 대기업 사철로는 최장 편성이기도 하며, 시나가와를 지나서는 도영지하철 아사쿠사(浅草)선, 게이세이(京成) 본선 방면으로 직통 운행되는 열차가 많다. 특히 하네다(羽田)공항으로 가는 쾌특열차는 특별히 에어포트 쾌특으로 따로 이름지어 운용하고 있으며 현재 하네다공항의 접근 수요에 절대적으로 의지하고 있는 케이큐의 주력 열차등급으로 활용되고 있다.

게이큐의 급행 운용에 제약이 따르는 난관으로서는 첫째, 곡선 구간이 다수 존재하고 그에 따른 속도제한이 많아 고속을 내기 어려운 점, 둘째, 게이큐가마타(京急蒲田)역에서 공항선과 본선이 분기하는 포인트가 예전까지는 평면교차 형태였기 때문에 원활한 분기가 쉽지 않은 점 등을 들 수 있는데, 이 난관을 해결하기 위해서 케이큐는 다음과 같은 해결방안을 들고 나왔다.

(1) 새로운 보안장치 시스템인 C-ATS를 도입하였다. ATS(Auto Train Stop)은 열차 자동정지시스템으로 신호체계에 있어서 상당히 중요한 역할을 담당하는데, 이 시스템은 기존의 1호형 ATS에 비해 더욱 향상된 시스템이다. 이는 궤도회로에 디지털 형식으로 연속적으로 운행속도를 부여하는 패턴으로 작동하며, 게이큐의 경우 특별히 본래 속도제한 표식과 별도로 C-ATS의 속도제한 표식이 존재하는 것이 특징이다. C-ATS에서의 C는 공통(Common, 5사 공통신호 시스템), 연속(Continuous), 제어식속도제어(Control)를 의미한다. 게이큐의 운전사는 열차 운행 시 제한속도를 C-ATS로부터 연속적으로 제공받으며, 제한속도 이상으로 열차가 운행되면 자동으로 정지시스템이 작동하게

된다.

(2) 게이큐 본선을 주행하는 열차의 신호기는 여러 가지 형태의 신호로 구성되어 다양한 속도컨트롤을 할 수 있다. 우선 G현시의 진행(120km/h제한), YY현시의 경계, Y현시의 주의, YG현시의 감속 등 기본적인 신호 외에도 YG현시 점멸(105km/h 제한이며 운전실의 C-ATS 표시기에 관련 속도가 전송된다)을 채용하고 있어 더욱 다양한 상황에 대응할 수 있다. 이에 따라 시나가와~요코하마 구간의 쾌특은 열차 운행에 대한 제한을 최소화한 상태로 최고시속 120km/h로 22.2km 구간을 15분 10초에 운행할 수 있다.

(3) 기본적으로 직통 운행하는 차량 모두를 포함하여 양측 선두차량을 모두 전동차(MC차량)로 배치, 제일 앞부분에 서는 선두대차의 중량을 늘림으로써 안정성을 확보하고 있다. 이는 빠르게 달리고 가감속이 매우 잦은 게이큐 본선의 차량 안정성을 확보하기 위함이고 또한 궤도회로의 정확한 검지를 행하며 확실한 분기기의 전환, 신호의 개통 및 건널목의 동작을 실행하기 위해서라고 한다. 만일 선두대차의 중량이 작으면 레일로부터 차상장치가 약간 이격되어 제대로 궤도회로를 검지하지 못하는 미연의 사태를 방지하기 위함이다. 또한 볼스터리스 대차의 안정성이 검증되지 않았다고 판단하여 아직 차량의 대차에 다이렉트마운트식의 볼스터를 탑재하고 있다.

(4) 건널목이 많고 곡선 구간이 많은 선로의 특성상 소요시간을 줄이기 위해 많은 노력을 하고 있는데, 제일 주안점을 주는 것이 바로 게이큐 본

선 주요 구간의 입체교차 사업이었다. 특히 게이큐가마타역 주변에는 건널목 등이 산재하여 교통체증의 주 원인이 되었고, 본선과 공항선을 분기하는 경우에도 상당히 애로사항이 많았다. 그러나 엄청난 재원을 투자, 직접 고가 공법(3층 고가)을 도입한 연속 입체교차사업을 진행하여, 현재는 공사가 모두 완공되어 열차 소요시간 단축 및 운영 효율화에 지대한 공헌을 하였다.

3) 중앙집중식 급행운영 – 긴키일본철도(近畿日本鉄道, 약칭 긴테쓰) 미나미오사카(南大阪)선의 사례

오사카 남부 지역의 오사카 아베노바시(大阪阿部野橋)역~가시하라진구마에(橿原神宮前)역 구간을 잇는 긴테쓰의 노선인 미나미오사카선은 다른 사철 노선과 차별화된 특이한 급행운용방식을 채택하고 있다. 39.7km 길이의 노선으로 오사카 남부지역의 통근통학 노선 및 관광노선의 성격을 띠고 있는데, 특급열차를 제외하고도 4개의 등급이 운용된다. 각 역에 정차하는 각 정(각역정차) 열차와 더불어 준급, 구간급행, 급행열차가 운행되고 있는데, 특이한 사항은 준급, 구간급행, 급행열차는 정차역이 결정되는 방식이 역의 승차인원 등으로 결정되는 것이 아닌, 급행운행 구간으로 정차역이 결정된다는 것이 다른 철도회사와의 차이점이다. 다음 표를 보면 이해가 빠르다.

		급행	구간급행	준급	보통
F01	오사카 아베노바시	●	●	●	●
F02	고보레구치	–	–	–	●
F03	기다타나베	–	–	–	●
F04	이마가와	–	–	–	●

철도가 그린 동아시아 풍경

F05	히리나카노	−	−	−	●
F06	야타	−	−	−	●
F07	가와치아마미	−	−	−	●
F08	누노세	−	−	−	●
F09	다카미노사토	−	−	−	●
F10	가와치마쓰바라	−	−	●	●
F11	에가노쇼	−	−	−	●
F12	다카와시	−	−	−	●
F13	후지이데라	−	−	●	●
F14	하지노사토	−	−	●	●
F15	도묘지	−	−	●	●
F16	후루이치	●	●	●	●
F17	고마가타니	−	−	●	●
F18	가미노타이시	−	−	●	●
F19	니조잔	−	−	●	●
F20	니조진자구치	−	−	●	●
F21	다이마데라	−	−	●	●
F22	이와키	−	−	●	●
F23	샤구도	●	●	●	●
F24	다카다시	●	●	●	●
F25	우키아나	−	●	●	●
F26	보조	−	●	●	●
F27	가시하라진구 니시구치	−	●	●	●
F42	가시하라진구 마에	●	●	●	●

앞의 표와 같이 하위 등급의 경우 도시 중심부는 급행운용을 하지만 일정 거점 역을 지나면 각 역에 정차하며, 급행의 경우는 전 구간을 급행운용을 하고 있다. 이는 구간급행, 준급 순으로 급행운용 구간이 줄어드는 특징을 보인다. 특히 미나미오사카선의 급행 및 구간급행은 오사카 아베노바시역(F01)에서 후루이치(古市)역(F16)까지 무려 15개의 역을 통과하며, 이렇게 운행됨에도 불구하고 급행 및 구간급행은 30분 간격, 준급은 10분 간격 그리고 보

긴테쓰 미나미오사카선의 준급 정차역 안내. 준급의 경우 오사카 아베
노바시역에서 가와치마츠바라(河內松原)역까지 무려 9개의 역을 통과
하게 된다.

통(각역정차, 일반열차) 10분 간격으로 운행되고 있다.

　이렇게 중앙집중식으로 급행을 운영하는 방식은 긴테쓰 외에도 세이부철
도(西武鉄道) 등 도심 외곽의 베드타운에서 도시 중심부로 승객을 수송하는
것을 주 목표로 하는 철도회사가 주로 채택하고 있다.

3. 유료특급, 라이너 등 좌석의 고급화

　최근 일본에서도 땅값의 폭등으로 말미암아 주거분리 현상이 나타나 통근
거리가 상당히 길어지고 있는 추세이고, 저 멀리 우쓰노미야(宇都宮)나 오다
와라(小田原)에서 도쿄까지 출퇴근을 하는 경우도 자주 발생하여 신칸센 정
기권을 사용하여 통근을 하는 경우도 잦다. 이렇게 오랜 시간 통근을 하면서
도 먼 거리를 앉아서 가지 못하고 서서 가는 승객들이 많아 통근객들의 고충

이 심한데, 극심한 혼잡을 피하고 편하게 통근을 할 수 있도록 대기업 사철회사들은 최근 착석통근 및 라이너 서비스, 특급열차 서비스 등을 앞 다투어 도입하고 있다.

1) 긴키일본철도(近畿日本鉄道, 약칭 긴테쓰)의 긴테쓰특급

나고야와 오사카를 포함하는 방대한 네트워크를 가진 긴테쓰는 예전부터 장거리수요 및 관광수요를 분담하는 유료좌석특급열차를 운행했다. 오사카와 나고야라는 거대한 대도시를 연결하는 수요에 더해서, 교토(京都), 나라(奈良), 욧카이치(四日市) 등 중소도시와 관광지 등을 한 번에 연결해 주는 역할로 등장하였으며, 도시 간 수송과 통근 수송뿐만 아니라 관광수송에도 대응하는 등 다양한 수요에 맞추어 특급열차가 운용되고 있다.

긴테쓰의 특급열차는 크게 3종류로 나눌 수 있는데, 도시 간 수송에 특화된 직통타입 특급열차(속칭 갑특급), 갑특급을 보조하고 지방 중소도시까지 빠르게 승객을 수송하는 주요역 정차 타입 특급열차(속칭 을특급) 그리고 이세·시마(伊勢·志摩) 지역의 관광수요에 특화된 관광특급(시마카제(しまか

ぜ), 이세시마라이너(伊勢志摩ライナー) 등)으로 나눌 수 있다.

그 외에도 긴테쓰의 각 노선망을 따라 주요 정차역에만 정차하는 을특급이

긴테쓰 어번라이너 Next로 운행되는 21020계 차량

긴테쓰의 범용특급 22600계 ACE. 2량+2량이 중련으로 연결되어 있다. 관통 문이 있어 이 두 차량 사이에 내부 왕래도 가능하다.

운행되고 있으며, 이들 차량은 2량 단위로 수요를 조절할 수 있다. 또한 다른 차종끼리의 운행도 활발하여 궤간이 같은 긴테쓰의 노선에서는 어디서든지 사용할 수 있는 범용성을 보인다. 이에 맞추어 긴테쓰의 범용 특급차량도 2량 또는 4량을 한 단위로 중련하여 장편성을 만드는 형태로 특급열차를 운용하고 있다. 전 좌석 지정석으로 역에 있는 발권기, 창구, 플랫폼의 발권기 등을 통하여 쉽게 특급좌석을 구매할 수 있다. 특히 보통열차의 불편한 좌석에서 고생하는 고객들을 위해서 플랫폼에서 쉽게 좌석을 구매할 수 있는 시스템이 갖추어져 있는 것이 특징이다.

그 외에도 긴테쓰에서 자랑하는 나고야/교토/오사카~이세·시마를 연결하는 관광열차인 시마카제가 운행되고 있으며, 이 열차를 이용하기 위해서는 특급요금 외에 별도로 시마카제 특별요금이 필요하다. 천연가죽과 전동 리클

철도가 그린 동아시아 풍경

긴테쓰의 관광특급 50000계 시마카제. 긴테쓰 나고야역/오사카 난바역/교토역〜가시코지마(賢島)역 구간을 잇는 관광형 특급열차이다.

라이닝을 채용한 최고급 좌석인 프리미엄시트, 소그룹의 단체여행에 편리한 컴파트먼트 형식의 살롱카, 개인실, 다양한 음식을 즐길 수 있는 카페차량 등이 마련되어 있다. 그 외에도 관광 겸용의 특급열차 이세시마라이너, 2층 구조로 되어 있어 전망이 좋은 '비스타 카' 등의 열차가 운행되고 있으며 관광 전세열차의 운용도 매우 활발하다.

2) 롱시트와 크로스시트의 전환, L/C카의 유행

긴테쓰에서는 방금 살펴보았던 유료좌석특급열차의 운행이 대다수이지만, 별도 요금이 필요 없는 운임만으로 승차할 수 있는 열차 중에도 장거리 열차가 상당히 많기 때문에 일반 전철의 옆으로 앉는 롱시트로는 오래 앉기 불편

함을 느끼는 승객들이 많았다. 그래서 긴테쓰는 이런 고객들의 불편을 해소하고자 롱시트와 크로스시트를 자유자재로 전환할 수 있는 L/C카라는 것을 만들었다.

긴테츠의 L/C카는 1996년에 구형 차량이었던 2610계 전동차에서 시험적으로 개조에 들어갔으며 여기에서 실험적으로 차량을 개조한 뒤 성공적이라는 평가를 얻어 그 뒤에 다른 차량에도 계속 개조작업을 시행하였으며, 또한 1997년에는 신형차량인 5800계 전 차량에 L/C카를 장착하였다. 그 후 2000년에는 긴테쓰의 차세대 보통열차로 불리는 '시리즈21' 5820계 차량에도 이를 장착하였다. 이 L/C카는 승객이 많고 혼잡한 출퇴근시간대에는 좌석을 90도 돌려서 롱시트로 이용하다가, 승객이 별로 없는 한산한 시간대에는 좌석을 앞으로 보게 돌려서 크로스시트 형태로 이용하는 방식으로 운영되고 있다.

긴테쓰의 신형차량이 L/C카로 개발되고 나서 한동안 이와 관련된 신형차량의 투입이 없었으나, 최근 간토(関東)지역의 사철회사에서 출퇴근 유료 착석통근서비스를 기획하여 새로운 수요를 창출하였다. 즉, 출퇴근시간에 서서 통근하지 않고, 추가요금을 내고 앉아서 통근을 하는 사업모델로 유료좌석을 판매하는 방식으로 운영된다.

이를 첫 번째로 시도한 회사가 바로 도쿄 지역의 사철회사인 도부철도(東武鉄道)이다. 도부철도는 이케부쿠로(池袋)역~오가와마치(小川町)역 구간의 도부 도조(東上) 본선 구간에 출퇴근시간대에 앉아서 통근이 가능한 새로운 통근열차 서비스인 'TJ라이너'를 2008년부터 운행하기 시작하였으며 전용차량인 50090계 전동차가 운행을 시작하였다. 이 차량은 긴테쓰의 L/C카와 같은 개념으로, 출퇴근 시간대가 아닌 때에는 롱시트 모드로 일반 전철과 비슷하게 운행되다가, 출퇴근 시간대에는 좌석을 90도 돌려 크로스시트 모드

이케부쿠로역~오가와마치역 구간을 운행하는 TJ라이너 50090계 차량의 실내. 현재는 라이너로 운용되므로 크로스시트 모드로 되어 있다.

로 바꾼 뒤, 좌석 수만큼 좌석정리권을 발행하여(좌석지정 형태는 아니며 자유석 형태) 승객들을 빠르고 편하게 수송하는 것을 목표로 한다. 이 TJ라이너 열차는 정차역이 다른 열차에 비해 극도로 적고 우선순위가 높아 다른 보통이나 급행 등의 열차보다 우선권이 있으며, 소요시간이 빠른 동시에 입석이 없어 추가요금을 내고 편하게 앉아서 갈 수 있는 이점이 크다. 좌석정리권의 가격도 310엔이어서 타 철도회사의 라이너 열차(특급형 열차 사용) 등에 비해 저렴하다.

도부철도에서 TJ라이너라는 이름으로 운행했던 통근형 라이너 사업이 성공을 거두게 되자, 다른 간토지역의 철도회사들도 이런 L/C형식의 통근형 전동차를 속속 투입하게 된다. 우선 세이부철도(西武鉄道)에서는 40000계 'S-TRAIN'을 들여왔으며, 타 철도노선과 직통운행이 가능하다는 점을 최대한 이용하여 한노(飯能)역/세이부지치부(西武秩父)역~고타케무카이하라(小竹向原)역~시부야(渋谷)역~요코하마(横浜)역~모토마치・주카가이(元町・中華街)역 코스로 열차를 운행하는 등 새로운 수요를 창출하고 있다. 게다가 게이오전철(京王電鉄)도 신형열차 5000계를 투입, '게이오 라이너'라는 이름으로 라이너 서비스를 시작하여 퇴근길에 지친 통근객들에게 착석통근 서비스를 제공하고 있다.

도쿄급행전철(東京急行電鉄, 약칭 도큐전철 혹은 도큐)도 2018년 11월부터 오이마치(大井町)선에서 새로운 착석통근 서비스인 'Q SEAT'를 6020계 신형차량에 도입하는 등 L/C카를 이용한 착석통근 서비스의 시행은 더욱 늘어나는 추세이다.

세이부철도의 착석통근열차 'S-TRAIN'으로 운행되는 40000계 차량의 롱시트 모드일 때의 모습. 출입문 사이에 6명이 앉을 수 있다.

3) 전면 전망을 승객들에게 양보한 오다큐전철(小田急電鉄) 로망스카

신주쿠(新宿)역~오다와라(小田原)역 구간을 잇는 사철 노선인 오다큐 오다와라선은 통근/통학 수요도 빼놓을 수 없지만, 무엇보다 휴일에 하코네(箱根) 등의 관광지로 승객들을 수송하는 관광노선의 성격도 가지고 있다. 이에따라 오다와라선을 운행하는 오다큐는 관광수요 및 착석통근수요를 잡기 위해서 유료특급열차를 운행하고 있는데, 오다큐의 특급열차를 통칭하여 '로망스카'라고 부른다.

로망스카는 크게 통근수요에 특화된 열차와 관광수요에 특화된 열차로 나눌 수 있는데, 전자에 해당하는 열차는 30000형 EXE, 60000형 MSE 등이 있으며, 후자에 해당하는 열차는 50000형 VSE, 70000형 GSE 등이 있다.

우선 통근수요를 담당하는 열차는 출퇴근 시간대에 편하고 빠르게 승객을 수송하는 데 주안점을 두며, 주로 베드타운이 밀집한 마치다(町田), 사가미오노(相模大野), 아쓰기(厚木) 지역에서 도쿄의 부도심인 신주쿠역으로 출근을, 반대방향으로 퇴근을 하는 승객들에게 특화된 열차이다. 특히 60000형 MSE의 경우는 지하철 노선으로 들어갈 수 있도록 설계되어, 직통운행을 하고 있는 도쿄메트로 지요다(千代田)선에 직통운전을 해 도쿄 도심부가 있는 가스미가세키(霞ヶ関)역, 오테마치(大手町)역 등으로 직접 승객을 수송하는 역할을 하고 있다. 이에 따라 지하철 통근 특급으로 메트로 사가미, 메트로 하코네 등이 운용되고 있다.

도쿄 근교의 관광지 하코네로 편하게 이동할 수 있는 관광 수송수단인 동시에, 그 자체가 여행상품의 기능을 하고 있는 로망스카는 철도여행 자체를 하나의 여행상품화시킨 것이 특징인데, VSE와 GSE의 경우는 운전실을 2층으로 올리고 1층 앞 전망 자체를 승객들에게 개방하여 여행객이 열차의 운

오다큐 로망스카 GSE 70000형 차량. 커다란 전망석이 특징이다.

전사가 된 느낌을 받을 수 있다. 이런 장점 때문에 로망스카의 전망석은 항상 구입이 힘들고 매진이 빠른 것이 특징이다.

4) 각 사철회사의 공항특급 현황

도쿄에 위치한 나리타(成田)국제공항, 하네다(羽田)공항, 오사카의 간사이(関西)국제공항, 나고야의 주부(中部)국제공항을 연결하는 공항특급열차에도 역시 사철회사의 특징있는 열차들이 운행되고 있다. 특히 도쿄와 오사카의 경우 JR소속 특급열차와의 경합으로 재미있는 경쟁구도가 펼쳐지고 있다.

우선 도쿄의 나리타 국제공항과 도쿄 도심을 잇는 특급열차로는 JR동일본의 나리타익스프레스(成田エクスプレス)가 유명한데, 이에 대응하는 게 이세이전철(京成電鉄)의 특급열차는 바로 '스카이라이너(スカイライナー)'이다. 1,435mm 궤간의 안정적인 표준궤 궤간을 장점으로 하여, 최고속도

게이세이의 AE형 공항특급. 최고속도 160km/h의 스카이라이너로 운행 중이다.

160km/h를 낼 수 있는 전용 신선 '나리타스카이억세스(成田スカイアクセス)선'을 건설하여 나리타공항역~게이세이우에노(京成上野)역 64.1km 구간의 소요시간을 41분대로 획기적으로 단축하였다. 나리타스카이억세스선의 개통에 맞추어 2010년에 새롭게 데뷔한 AE형 특급열차는 빠른 스피드를 상징하는 날렵한 디자인으로 케이세이의 이미지 리더가 되었으며, 이에 따라 경쟁 특급인 나리타익스프레스로 운행되던 253계 차량이 조기에 폐차되어 신형 차량인 E259계로 업그레이드되는 등 공항특급의 서비스 품질이 비약적으로 향상되었다.

도쿄에서 가까운 하네다공항과 도쿄 도심부를 잇는 접근교통 수단의 경우 JR동일본의 자회사가 된 도쿄모노레일과 게이힌급행전철(京浜急行電鉄, 약칭 게이큐) 공항선이 경쟁을 벌이고 있는데, 도쿄모노레일은 공항쾌속 및 구간쾌속, 보통의 3개 등급 및 대피선을 통한 빠른 소요시간과 함께 신형차량 10000형을 도입하여 서비스 개선을 지속적으로 추진하고 있으며, 이에 대응하는 게이큐 공항선은 시나가와(品川) 및 도쿄 도심부로 환승 없이 이동할 수 있도록 지하철 아사쿠사(浅草)선 직통 급행열차 및 에어포트 쾌특열차를 투입하고 있다.

간사이 지역의 관문인 간사이 국제공항과 오사카 도심을 잇는 특급열차는 JR서일본의 하루카(はるか)와 난카이전철(南海電鉄, 약칭 난카이)의 라피트 (Rapiːt, ラピート), 이렇게 두 열차가 양자 대결로 경쟁을 지속하고 있다. 최근 간사이공항의 이용객이 폭발적으로 증가하면서 하루카와 라피트, 양대 특급의 이용객들이 지속적으로 증가하고 있는 추세인데, 이 두 열차는 1993년 간사이공항 개항 때 동시에 운행을 시작하였다. 난카이의 라피트로 운행되는 50000계 전동차는 철가면을 연상시키는 특징적인 디자인과 돔형 천정 구조, 특실에 대응되는 2량의 슈퍼 시트 등 획기적인 서비스를 시행하여 관광객 및 공항 이용객들의 호평을 받고 있다.

난카이의 50000형 공항특급 라피트(속칭 철가면). 1993년에 등장한 차량으로는 믿을 수 없는 획기적인 디자인으로 유명하다.

철도가 그린 동아시아 풍경

주부 지역의 관문인 주부 국제공항과 나고야 도심지를 잇는 노선은 나고야 철도(名古屋鉄道, 약칭 메이테쓰)의 독점 구간이다. 메이테쓰는 주부국제공항역과 메이테쓰나고야(名鉄名古屋)역를 잇는 열차로 뮤스카이(μSKY, ミュースカイ) 2000계 열차를 투입하고 있다. 최고속도 120km/h로 소요시간은 20분이며, 리무진버스 등 다른 교통수단과는 비교할 수 없을 정도로 소요시간이 짧아 많은 공항 이용객들이 메이테쓰의 뮤스카이를 이용하여 나고야 도심과 공항을 왕래하고 있다.

5) 통근열차 객실의 고급화, 게이한전철(京阪電鉄, 약칭 게이한) 프리미엄카

교토와 오사카를 연결하는 대기업 사철 기업 중 하나인 게이한은 예전부터 국철(현재의 JR서일본), 한큐전철(阪急電鉄, 약칭 한큐)과 라이벌 관계에 있으며 지금도 무한경쟁의 한복판에서 다른 철도회사와의 경쟁을 벌이고 있다. 과거 태평양 전쟁 직후 신케이한(新京阪)선을 한큐에 빼앗기기도 했던 아픈 역사가 있었는데, 아무래도 교토와 오사카를 바로 잇기 때문에 소요시간이 짧은 JR과 한큐에 비해 굴곡이 있는 게이한 본선의 노선 특성상, 소요시간을 줄이기에는 어려움이 많았다. 그래서 게이한은 이들과의 경쟁에서 이기기 위해서 차량의 고급화에 집중하기로 했다. 즉, 기존에 운행하던 무료특급열차에 새롭게 1량의 프리미엄 카를 연결하기로 결정하고 2017년 8월 20일에 영업운행을 시작하였다.

게이한은 이 사업을 위해 약 16억 엔을 투자하여, 8000계 8량 편성 중에 1량을 프리미엄 카로 개조했다. 2+1 배열의 회전 가능한 고급 좌석을 설치하고 충전용 콘센트, 무료 와이파이, 수하물 거치 공간, 나노입자 공기청정기 등을 설치하였으며, 고급스러운 인테리어와 전용 승무원을 배치하였다. 프리

게이한의 8000형 프리미엄 카. 2017년 8월부터 운행을 시작하였다.

미엄 카 승차권은 운임 외에 별도로 400~500엔으로 구입할 수 있으며, 인터넷 구입 또는 창구 구입이 가능하다.

그 외에도 게이한은 소요시간이 오래 걸리는 노선 자체의 단점을 극복하기 위해 승차감 향상을 위한 각종 대책을 실행중인데, 우선 별도요금이 들지 않는 8000계 특급형 전동차에 1량의 2층 열차를 투입하고 크로스시트 좌석을 설비하여 편안하게 통근할 수 있도록 배려하고 있다. 3000계 특급형 전동차에는 마이크로파이버를 사용한 가죽 느낌의 크로스시트를 설비하였다.

6) 일반열차와 특급열차의 복합 운행사례

일부 사철회사에서는 착석통근 및 대량수송 두 가지의 목표를 모두 달성하기 위해 같은 열차의 일부에는 특급열차처럼 편안한 좌석을 장비하고, 나머지 열차는 전철 형태의 시트를 배치한 구성의 열차를 운용하고 있다. 이와

철도가 그린 동아시아 풍경

특급형 차량 2량과 일반형 차량 4량이 같이 연결되어 있는 메이테쓰 쾌
속특급 1000계 '파노라마 슈퍼(パノラマ Super)'

관련해서 제일 유명한 회사는 바로 나고야철도(약칭 메이테쓰)인데, 6량/8
량 편성 규모의 특급열차에 2량의 특별좌석 차량을 배치, 360엔의 뮤티켓(μ
Ticket, ミューチケット)을 구입하면(지정석) 특별차량을 이용하며 편안하게
여행할 수 있도록 서비스를 하고 있다.

　메이테쓰에서는 특별차 착석통근 서비스의 편의성을 극대화하기 위해 평
일 1왕복에 동일열차 동일좌석의 확보가 가능한 특별차 좌석 정기권서비스
인 뮤정기권 서비스(1개월 13,400엔, 토, 일, 공휴일에도 특별차의 빈 좌석
을 이용가능)를 전개하고 있으며, 최근에는 스마트폰에서 신용카드를 이용해
서 뮤티켓을 구매하고 역에서 종이 뮤티켓으로 바꾸지 않고 바로 특별차 좌
석을 이용할 수 있는 서비스를 시행하고 있다(열차 출발 전이면 2회까지 무
료로 열차 및 좌석 변경 가능). 현재는 일본어와 영어만 지원을 하고 있으나
앞으로는 한국어, 중국어 등 여러 언어를 지원할 예정이며, 주부 국제공항에
서 공항특급인 뮤스카이를 이용하거나 메이테쓰를 이용해 주부 지방을 여행

공기청정 기능(화물선반 위)과 전좌석 콘센트를 보유한 난카이 12000계 특급형 전동차 '서던 프리미엄'

하는 외국인 관광객도 언어 장벽 없이 쉽게 특별차 좌석을 이용할 수 있게 될 전망이다.

오사카의 난카이전철(南海電鉄, 약칭 난카이) 또한 난바(なんば)역~와카야마항(和歌山港)역/와카야마시(和歌山市)역 구간의 특급 '서던(Southern, サザン)'의 경우 8량 편성으로 배차하여 4량은 특급 좌석을 설치하고 특급요금을 받아 착석서비스를 실시하고 있다. 나머지 4량은 일반 전철 차량을 배치하여 빠르고 저렴한 수송에 초점을 맞추고 있다. 특히 최근 새롭게 데뷔한 12000계 특급형 차량은 공기청정 기능과 콘센트 충전 기능 등 최신 서비스를 제공해서 승객들에게 인기를 끌고 있다.

4. 병행노선의 경쟁사례

일본의 사철 노선들은 어떤 특정한 지역을 독점하여 운행하는 단독노선인 경우도 있으나, 대부분의 경우 병행 철도노선과 경쟁, 나름대로의 운영 노하우를 쌓으면서 경쟁력을 키워 온 경우가 많다. 지금까지 살펴보았던 급행 서비스, 착석 서비스 등의 대부분의 서비스 향상 노력은 다른 노선과의 경쟁의 산물이다. 사철회사들의 경쟁자는 다른 사철회사일 수도 있고, 예전 국철이 었던 JR그룹과의 경쟁일 수도 있는데, 공통적으로 노선이 병행으로 나 있고 그 안에서 승객들은 철도노선을 골라서 이용하기 때문에 필연적으로 운임 경쟁이 붙기도 하고, 또는 차량의 서비스 등의 차별화로 경쟁을 하고 있다. 각 철도회사는 경쟁을 통해서 서비스 질을 향상하기 위해서 현재도 부단히 노력하고 있다.

1) 나고야지구의 무한경쟁 – 나고야철도(名古屋鉄道, 약칭 메이테쓰) VS JR도카이(東海)

예전 국철시절부터 나고야를 남북으로 잇는 대동맥인 도카이도(東海道) 본선과 메이테쓰 나고야 본선 구간은 병행노선으로 유명했다. 우선 도요하시 (豊橋)역~나고야(名古屋)역~기후(岐阜)역을 잇는 노선의 형태가 같으며, 경유지는 약간 다르지만 시작 역 도요하시, 중간에 경유하는 거대한 역인 가나야마(金山)역과 나고야역, 오와리이치노미야(尾張一宮)역 등이 모두 도보환승이 가능할 정도로 거리가 매우 가까워 나고야 시민들은 JR이나 메이테쓰중 무엇을 타고 이동해도 거점 간의 편안한 이동이 가능하다.

전통적인 병행노선이었던 이 노선은 국철 시대에는 선진적인 서비스를 제

JR 가나야마역에 정차하고 있는 신쾌속 313계 차량. 바로 옆에 경쟁자
인 붉은 메이테쓰 전동차의 모습이 보인다.

공하고 운임도 싸며, 역간 거리가 짧아 다양한 거점으로 승객들을 빠르게 수
송했던 메이테쓰의 완승으로 싱겁게 끝나곤 했다. 당시 국철은 장거리 수송
에 집중했으며, 도시 간 수송에는 별로 관심을 기울이지 않고 간선 수송 및
화물 수송에 주안점을 두었기 때문에 나고야 지역의 터주라고 할 수 있는 메
이테쓰를 따라잡을 수는 없었다. 게다가 메이테쓰는 다양한 나고야 근교지역
으로 가는 지선 노선을 보유하고 있어서 나고야 각 지방에서 나고야시 중심
부로 연결시켜 주는 교통망에서는 이를 따라잡을 경쟁사가 없었다.

그러나 1987년 국철이 분할 민영화된 이후 나고야 지역에 새로운 민영철
도 회사인 도카이여객철도주식회사(약칭 JR도카이)가 출범하였으며, 나고야
지역의 간선 노선의 운영을 맡게 된 이 회사는 나고야 지역 도시 간 수송의
새로운 가능성을 주목했다. 이에 따라 JR도카이는 새로운 설계로 제조한 고
성능차량 311계를 1989년 3월 11일부터 투입하여 최고속도 120km/h의 고
속 열차등급인 신쾌속을 도입하였다. 1990년에는 평일 시각표와 휴일 시각
표를 분리하였고, 1999년에는 311계보다 더욱 고성능이며 운용 편의를 고

메이테쓰 가나야마역에 정차하고 있는 메이테쓰 2200계 특급
차량. 신형 특급차량으로 JR도카이에 대응하기 위해 최고속도
120km/h 운전을 시행 중이다.

려한 근교형 차량의 표준모델 313계를 투입하고 출퇴근시간대에는 새로운
열차등급인 특별쾌속을 신설하여 역간 거리가 길며 고속운행을 할 수 있다는
장점을 최대한 이용한 공격적인 서비스를 전개하였다.

게다가 2001년에는 특별쾌속과 신쾌속의 증편, 2006년에는 313계 전동
차의 추가투입으로 6~8량 편성으로의 증량 등 서비스 향상 노력을 계속하
고, 나고야~토요하시 구간의 신쾌속 소요시간을 50분으로, 기후~나고야 구
간의 소요시간을 20분으로 통일하고, 117계 등 기존 차량을 폐차하는 등 메
이테쓰를 의식한 공격적인 행보를 계속하였다. 2015년에는 다케토요(武豊)
선 전철화로 또 다른 병행 노선인 메이테쓰 고와(河和)선과의 경쟁구도도 강
화되었다.

메이테쓰도 이에 대응하여 최고속도를 점차 상승하여 1990년 이전에는 최
고속도 110km/h 운행을 하였으나, 1990년대 이후 일부 증압 브레이크 및
ABS를 장비한 차량에 한해 최고속도 120km/h 운전을 개시하였다. 이에 따
라 나고야~도요하시 구간의 쾌속특급은 49분, 나고야~기후 구간의 경우 29

분이 걸린다. 특급열차의 증편 및 특별차량 운행 확대, 주부 국제공항 개항으로 인한 특급 뮤스카이의 운행, 가나야마~진구마에(神宮前) 구간의 복복선화 완공으로 인한 열차 증편, 다양한 연계 지선 노선 운행을 통한 편의성 향상 등으로 JR도카이의 전면 공세에 대응하고 있다.

2) 3개의 병행노선 경쟁 – 한큐전철(阪急電鉄, 약칭 한큐) VS 게이한전철(京阪電鉄, 약칭 게이한) VS JR서일본 VS 한신전철(阪神電鉄, 약칭 한신)

긴키(近畿) 지역의 거대 도시인 교토와 오사카 사이를 이동하는 수요는 상당히 많아 승객들을 확보하기 위한 각 철도회사의 경쟁은 매우 치열하다. 나고야 지구에서는 그리 활발한 활동을 전개하지 않았던 국철에서도 교토~오사카 구간에서는 일찌감치 153계 열차를 사용한 신쾌속 운용으로 최고시속 110km/h를 1972년에 달성하고, 1980년부터 운행했던 117계 신쾌속은 최고속도 115km/h를 달성하였다.

신쾌속 130km/h 운전 시대를 연 JR서일본의 223계 전동차

철도가 그린 동아시아 풍경

JR서일본의 신쾌속 전동차가 130km/h 운전을 시행중인 사진. 속도
계에 현재속도 130km/h가 선명하다.

국철이 민영화된 이후 출범한 서일본여객철도주식회사(약칭 JR서일본)는
이에 만족하지 않고 한큐 및 게이한 등 다른 사철회사를 견제하기 위해 신
쾌속의 스피드업을 계속 진행, 1989년에 도입된 221계 전동차로 최고시속
120km를 달성하였고, 1995년에는 고성능 차량인 223계 전동차를 도입, 최
고시속 130km 운전을 시행하였다. 또한 시가현(滋賀縣)의 마이바라(米原)
역, 후쿠이현(福井縣)의 쓰루가(敦賀)역에서부터 출발하여 효고현(兵庫縣)
최서단의 반슈아코(播州赤穂)역까지 이어지는 장거리 네트워크, 전환식 크
로스시트를 배치하여 장거리를 이동해도 피곤하지 않을 정도의 승차감 등은
신쾌속에 '빠르고 편안한 열차'라는 이미지를 각인하는 데 큰 역할을 하였으
며, 지금까지도 그 존재감은 계속 이어지고 있는 상황이다.

이를 견제하는 경쟁자로는 우선 사철의 아버지라고 불리는 고바야시 이치
조(小林一三)가 설립한 철도회사인 한큐가 있다. 교토 가와라마치(京都河原
町)역~우메다(梅田)역 구간을 연결하는 교토 본선과 우메다역~고베 산노미
야(神戸三宮)역 구간을 연결하는 고베 본선이 한큐의 병행노선인데, 교토 본

선의 경우 JR과 나란히 달리는 구간은 얼마 없지만 교토~오사카 구간을 연결하는 공통점 때문에 JR과 많이 비교되고 있으며, 또한 고베 본선의 경우 남쪽에 면한 해안 바로 북쪽에 롯코산(六甲山)의 급경사가 있는 지형상의 특징으로 인하여 JR과 한큐, 한신 세 노선이 나란히 동서 방향으로 1km 정도의 간격으로 부설되어 있다.

한큐는 특유의 고동색 차체와 오래된 가구를 연상시키는 인테리어로 유명한데, 이것은 예전 구형 전동차 시절부터 계속 변하지 않는 전통이다. 신형 VVVF차량에도 어김없이 이런 인테리어가 채용되어 있으며, 나뭇결무늬에 골든 올리브색 시트 등 한큐의 전통적인 색채에 슈퍼 와이드 LCD형식 정차역 안내장치, LED 차내 조명 등 첨단기술이 어우러진 조화로운 모습을 보여주고 있다.

한큐는 우선 JR보다 저렴한 운임, 교토 본선 특급에 크로스시트가 탑재된 9300계 신형차량 투입, 교토의 유명한 관광지인 아라시야마(嵐山)로 가는 편의성, 교토 도심부인 가와라마치까지 지하노선으로 연결되는 편의성 등으로

신형 차량이지만 고풍스러운 외관과 실내 디자인을 보여주는 한큐 1000계 차량

철도가 그린 동아시아 풍경

JR과의 경쟁력을 확보하고 있다. 특히 속도 향상에도 신경을 써서 신쾌속에는 미치지 못하지만 특급열차의 경우 최고속도 115km/h 운행을 시행하여 교토 가와라마치역~우메다역 소요시간을 최속 42분으로 단축했으며, 쾌속특급, 특급, 준급, 보통 등 열차등급을 다양화하여 체계적인 운행체계를 확립, 오사카 메트로 사카이쓰지(堺筋)선과의 직통운행을 통하여 오사카 도심으로의 빠른 접근으로 승부를 걸고 있다.

또 다른 경쟁자로는 교토와 오사카를 잇는 또 다른 강자인 게이한이 있다. 게이한 소속의 게이한 본선은 교토의 산조(三条)역과 오사카의 요도야바시(淀屋橋)역을 연결하는 노선으로, 다른 경쟁 노선에 비해 길이가 길고 소요시간이 오래 걸리는 단점이 있으나, 앞서가는 서비스를 차례로 도입하면서 단점을 극복하고 있다.

첫째로, 덴마바시(天満橋)역~네야가와(寝屋川)신호소 구간의 12.5km 길이의 복복선 구간을 최대한 활용하여 다양한 열차 등급을 운영하고 있다. 즉, 쾌속특급 '라쿠라쿠(洛楽)', 특급, 라이너, 통근쾌급, 쾌속급행, 심야급행, 급행, 통근준급, 준급, 구간급행, 보통의 11등급 체제로, 현재 대기업 사철 중에 최고로 많은 종류의 열차가 운행 중이다. 이를 위해 폐색 간격을 극도로 줄여 49.3km 구간 내에 폐색신호기가 무려 248기나 설치되어 있고, 신형 속도조사형 ATS인 K-ATS를 채용하였으며, 자동 분산형식 열차운행관리시스템(ADEC)을 채택, 열차지령의 중앙처리장치와 19개소에 설치된 역 제어장치를 2중의 광섬유 케이블 네트워크로 연결하여 열차추적, 진로제어, 운전정리, 시각표 관리, 기기고장 관리, 방재표시 등의 다양한 기능을 실행하고 있다.

둘째로, 3000계 특급차량에 마이크로파이버 소재의 시트 재질을 채용하고, 8000계 특급 차량 좌석의 승차감을 향상하고, 최대한 많은 승객들이 착

게이한 5000계 차량의 실내. 평소에는 이렇게 출입문을 시트가 막고 있으나, 출퇴근 시간이 되면 시트가 위로 수납되어 승하차용 출입문이 된다.

석하여 열차를 이용하도록 2층 차량을 도입하고, 프리미엄 카를 도입하는 등 열차를 이용하는 고객들이 편안하게 승차할 수 있도록 많은 배려를 하고 있다. 특히 5000계 차량의 경우 출퇴근 시의 혼잡을 고려하여 출입문을 측면에 5개 배치하여 그 중 2개는 출퇴근 시에만 작동하는 출입문으로서 평상시에는 의자가 배치된다. 그러나 출퇴근 시에는 의자가 위쪽으로 수납되는 승강식 좌석 구조를 취하고 있다.

예전에는 한큐 및 JR서일본과 오사카~고베 구간에서 치열하게 경쟁을 했으나, 요즘은 한큐한신홀딩스의 자회사가 된 한신도 빼놓을 수 없는 게이한신(京阪神, 교토·오사카·고베 권역) 구간의 사철회사이다. 특히 프로야구단 한신 타이거즈를 운영하는 철도회사로, 간사이 주민들에게 익숙하며, 한신 본선 고시엔(甲子園)역 바로 옆에 있는 고시엔구장은 고교야구의 상징 및

한신 타이거즈의 홈구
장으로 야구팬들이면
한번쯤은 이야기를 들
어보았을 만한 이름이
다. 프로야구 경기가 열
리는 날이 되면 우메다
역 및 고베 산노미야역
에서 고시엔구장으로
가는 임시열차가 무한

한신의 신형 제트카 5700계. 일명 '제트 실버'로 불리며 기동가속
도 4.0km/h/s를 마크하는 각 역 정차 전용 차량이다.

배차로 운행되며, 경기가 끝나는 시간에 맞추어 고시엔역에서 반대 방향으로
가는 임시열차 또한 운행되고 있다.

또한 역간 거리가 1km도 안 될 정도로 상당히 짧은 한신의 특성을 살려 기
동가속도를 무려 4.0~4.5km/h/s까지 높여 가감속 성능을 키운 각역정차 열
차 전용 차량인 '제트카(Jet Car, ジェットカー)'가 운행되고 있다. 초대 제트
카인 5001형부터 최신에 제트카인 5700계 '제트 실버'까지 다양한 각종 전용
열차가 운행되고 있는데, 최고속도를 91km/h로 낮춘 대신 가속력을 최대한
확보하여 시속 80km까지 가속하는 데 겨우 21초밖에 걸리지 않아 역간 거
리가 짧은 것 때문에 소요 시간이 긴 것을 최대한 단축하려고 노력하였다.

5. 지역별 독특한 운영사례

1) 나고야철도(名古屋鉄道) 메이테쓰 나고야역의 독특한 운영

나고야철도의 '메이테쓰 나고야역'은 1941년 8월 12일에 개업했다. 나고야철도주식회사의 중심역 위치이며, 신칸센 나고야역과 JR 재래선 나고야역, 긴테쓰(긴키일본철도) 나고야역, 아오나미(あおなみ)선 나고야역, 지하철 나고야역 등과의 환승이 가능하다. 또한 전국으로 통하는 메이테쓰 고속버스의 출발지인 메이테쓰 버스센터와도 환승이 가능한 교통의 요지이다. 지하에 부설되어 있는 이 역은 하루에 상하행 통틀어 800편 이상의 열차가 발차한다. 이렇게만 보면 역의 규모가 정말 커야 하고, 거대한 터미널 역의 규모를 가져야 하지만, 지하에 건설된 역이라는 태생적인 한계 때문에 두 개의 선로만으로 이 모든 교통량을 모두 처리해야 하는 제약이 존재한다.

두 개의 선로만으로 모든 열차 교통량을 처리하는 메이테쓰 나고야역의 2/3번 플랫폼. 특급열차 승하차 및 보통열차 하차 승객만을 위한 플랫폼이다.

2017년의 승하차인원은 무려 298,467명에 달한다. 1일 800편의 열차 교통량을 소화해야 하지만 지하철과 긴테쓰 나고야역(역시 지하에 설치된 역이다) 등의 시설 때문에 공간 확장을 할 여유가 전혀 없어 승강장이 3면으로 특수하게 배치되어 있다. 열차가 다양한 행선지를 갖는 메이테쓰 열차의 특성 때문에 메이테쓰 나고야역에서만 통용되는 특유의 승차 방법이 있다.

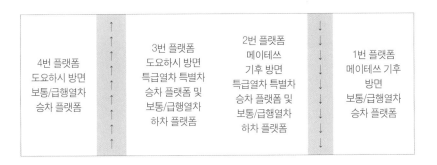

| 4번 플랫폼
도요하시 방면
보통/급행열차
승차 플랫폼 | 3번 플랫폼
도요하시 방면
특급열차 특별차
승차 플랫폼 및
보통/급행열차
하차 플랫폼 | 2번 플랫폼
메이테쓰
기후 방면
특급열차 특별차
승차 플랫폼 및
보통/급행열차
하차 플랫폼 | 1번 플랫폼
메이테쓰 기후
방면
보통/급행열차
승차 플랫폼 |

3면 2선 구조의 독특한 구조는 위의 표와 같이 요약할 수 있다. 워낙 메이테쓰 열차의 승하차 출입문 위치가 제각각이고, 정차 위치도 다르며, 승하차 인원이 워낙 많아서 스크린도어 등 안전장치의 설치가 현재는 불가능한 상태이다. 1번 승강장과 4번 승강장은 보통/급행열차의 승차용으로만 사용되는 승차 전용 승강장이며, 2번 승강장과 3번 승강장은 뮤티켓을 소지한 특급열차 승하차 승객 및 하차 전용 승강장이다. 이렇게 승차 홈과 하차 홈을 분리해서 좁은 승강장을 효율적으로 사용하고 있다.

보통/급행열차의 경우 우선 열차가 도착하면 하차 플랫폼의 출입문을 열어서 승객들을 모두 내려 준 뒤에, 승객들이 어느 정도 내렸다고 파악되면 차장이 반대쪽 문의 출입문을 조작, 승강장에서 대기 중인 승차 승객들을 태운다. 승객들의 하차가 마무리되는 대로 하차 플랫폼의 출입문을 닫고, 곧바로 승차 플랫폼의 출입문을 닫은 뒤 열차가 바로 출발하는 시스템이다. 차장의

메이테쓰 나고야역에 설치된 방송 부스. 워낙 돌발 상황이 많이 일어나는 역이라 열차 운행 시간 내내 이곳에서 수동으로 안내방송을 하고 있다. 승강장 바닥에는 승차를 기다리는 승객을 유도하는 유도선으로 매우 어지럽다.

입장에서는 양쪽 출입문을 열고 닫아야 하기 때문에 번거롭지만, 좁은 열차의 승강장을 최대한 활용하고 승객의 동선을 효율적으로 분산할 수 있는 고육지책인 셈이다. 출퇴근 시간에 출입문을 빠르게 제어할 수 있는 시간이 없는 경우는 역무원이 플랫폼에 대기하면서 열차의 출입문을 열고 닫기도 한다.

쾌속특급부터 특급, 급행, 준급, 보통 등 다양한 등급의 열차가 1~3분 간격으로 발착하기 때문에, 돌발 상황이 발생하는 경우가 많아 자동 안내방송은 불가능하다. 따라서 역무원이 육성으로 열차 운행시간 내내 안내방송을 진행한다. 이에 따라 상행/하행 각 1개씩 각 플랫폼에 방송 부스가 설치되어 있다.

일반열차 승차 플랫폼인 1/4번 플랫폼에는 열차마다 승차위치가 달라지는데, 플랫폼 상부에 표시되는 표시등에 따라 줄을 서는 위치가 나뉘어져 있다. 워낙 행선지가 이곳저곳 다르기 때문에, 방면에 따라 줄을 서는 위치가 다르

철도가 그린 동아시아 풍경

메이테쓰 나고야역의 승차위치 표시등. 현재 붉은색 불이 켜져 있는데, 이 위치에 맞추어 줄을 서야 한다.

며, 메이테쓰 나고야역에서는 표시된 표시등에 따라 줄을 서야 하기 때문에 처음 이곳에서 일반열차를 이용하는 승객들은 줄을 찾지 못해서 열차를 이용하기 힘들어하기도 한다. 즉, 이번에 도착하는 열차와 다음 열차, 다음 다음 열차를 이용하는 승객들이 플랫폼 하나에 줄을 서기 때문에 표시등에 맞추어 줄을 서야 하고, 승강장 바닥에 있는 유도선의 색깔과 표시등의 색깔과 맞는 위치에 줄을 서야 한다. 매우 좁은 승강장에서 많은 열차가 드나들므로 불편하지만 어쩔 수 없는 운영으로, 지역 주민들은 이런 시스템에 적응하면서 열차를 이용하고 있다.

2) 산악지형을 극복하기 위한 산악철도 운영

일본의 지방 사철 노선 중에는 특별히 산악지역에 설치된 노선들이 있는데, 이것은 도로 교통이 열악하기 때문에 이를 극복하기 위함이며, 험준한 산악지역을 뚫고 철도가 설치된 사례가 많다. 일반 철도건설의 경우 높은 고저차를 돌파하기 위해서는 터널 건설이 주로 사용되지만, 건설비가 부족한 중소규모 사철회사가 많아서 비용이 많이 드는 터널을 뚫을 돈이 없기 때문에 주로 전동차의 고성능을 이용하여 급구배를 직접 돌파하면서 구불구불 올라가는 방식을 채용하고 있다. 우리나라에서는 볼 수 없는 50~60퍼밀리의 급한 오르막을 돌파하면서 산악지형을 오르는 철도노선을 일본에서는 어렵지 않게 찾아볼 수 있다.

일본의 급구배를 돌파하는 산악철도의 동맹이 2009년에 결성되었는데, 이는 일본의 등산철도를 경영하는 철도회사 6개 회사의 모임으로 '전국등산철도 퍼밀회'가 있다. '퍼밀'이라는 것은 철도에서 오르막을 계측할 때 쓰는 단위인 퍼밀리(‰, 1,000분의 1)를 의미한다. 이 퍼밀회를 구성하는 6개의 회사는 공동으로 이벤트를 하거나 캠페인 포스터를 같이 만드는 등 협조활동을 하고 있다.

고베전철 스즈란다이 니시구치(鈴蘭台西口)역 플랫폼에 있는 50퍼밀리 내리막 표지판

철도가 그린 동아시아 풍경

퍼밀회를 이루는 6개 회사는 난카이 고야(高野)선을 운행하는 난카이전철(南海電鉄, 최고 급구배 50퍼밀리), 전 노선의 80% 정도가 급구배로 이루어진 고베전철(神戸電鉄, 최고 급구배 50퍼밀리), 후지산 근처를 운행하는 후지급행(富士急行, 최고 급구배 40퍼밀리), 톱니바퀴 보조레일로 오르막을 돌파하는 일본 최대의 오르막 보유회사인 오이가와철도(大井川鐵道, 최고 급구배 90퍼밀리), 교토 지역의 단풍 풍경으로 유명한 에이잔전철(叡山電鉄, 최고 급구배 50퍼밀리), 하코네 관광으로 유명한 하코네등산철도(箱根登山鉄道, 최고 급구배 80퍼밀리) 등 이렇게 6개 회사이다.

3) 여러 악조건을 극복한 게이한전철(京阪電鉄, 약칭 게이한) 게이신(京津)선의 사례

교토와 시가현(滋賀県)의 오쓰(大津)를 잇는 게이한 노선 중 하나인 게이신선은 일본의 궤도법 적용을 받는 궤도노선(노면전차)이다. 원래 노면전차로 시작되었던 노선이었으나 주변 지역의 인구가 증가하면서 편성길이 66m급의 4량 편성 전동차가 주행을 하기 시작했다. 궤도운전규칙에 의하면 열차 길이가 30m 이하인 차량만 궤도를 운행할 수 있도록 정해져 있으나, 게이신선만 특별한 사례로

역 자체에 61퍼밀리의 오르막이 존재하여 의자의 좌측 다리와 우측 다리의 높이가 다른 것이 확실하게 보이는 오타니역

인가를 받게 되었다.

　교토 시가지와 오쓰 시가지 사이에는 큰 산지가 있어 이것을 돌파하기 위해 다른 산악철도와 마찬가지로 급곡선과 급구배를 통하여 직접 오르내리는 방식을 채용했다. 그래서 현재 오타니(大谷)역~가미사카에마치(上栄町)역 구간의 최고 급구배는 61퍼밀리이며, 최소곡선반경은 40m가 될 만큼 커다란 악조건 속에서 열차를 운용하고 있다. 급구배의 시작점에 있는 오타니역은 역 자체가 오르막으로 되어 있어 벤치가 기울어진 것처럼 보이는 것이 특징이다.

　이에 따라 게이신선을 운행하는 800계 전동차는 이 험난한 구간을 운행하기 위한 고성능을 구비하고 있으며, 제동장치에 모래뿌림 장치를 추가하였다. 또한 열차가 운행하는 급곡선 구간의 레일에는 열차의 곡선 주행으로 인한 소음을 완화하기 위해 스프링클러로 물을 뿌리고 있다.

　게다가 게이신선은 현재 교토시영지하철 도자이(東西)선과 직통운전을 하

4량 편성의 긴 열차가 노면전차처럼 도로병용구간을 주행하는 진기한 모습. 열차의 총 편성 길이는 66m에 달한다.

여, 비와코 하마오쓰(びわ湖浜大津)역~우즈마사텐진가와(太秦天神川)역 구
간을 운행 중이며, 노면전차형 차량이 지하철선 내로 들어가 직통운전을 하
는 최초의 사례를 만들었다.

4) 한큐전철(阪急電鉄, 약칭 한큐) 우메다(梅田)역의 운영과 특급 3병주

일본의 사철에서 제일 큰 규모의 역 하면 도쿄의 신주쿠(新宿)역을 먼저 떠
올리겠지만, 단일 역 규모로서 최고의 역을 고르라면 오사카의 한큐 우메다
역이 제일 으뜸이 아닐까 생각한다. JR서일본의 오사카역, 오사카지하철 3
개 노선, 한신 우메다역 등과 환승이 가능한 오사카 최고의 교통 요지 중 중

10면 9선의 거대한 규모를 자랑하는 한큐 우메다역의 모습. 짙은 고동색의 한큐 차량들이 각 플랫폼에
서 대기하고 있는 모습은 장관이다.

심부에 위치한 한큐 우메다역은 한큐의 3대 본선 노선인 교토(京都) 본선, 다카라즈카(宝塚) 본선, 고베(神戸) 본선의 출발역이며 10면 9선 규모의 끝이 막혀 있는 터미널역으로 잘 알려져 있다. 2017년 현재 승하차인원은 무려 510,643명이다.

현재의 우메다역은 한큐 터미널빌딩 3층에 자리하고 있으며, 1973년 11월 23일에 확장/증축되어 현 위치로 이전하였다. 총 9개의 발착 선로를 교토(京都) 본선 3개(1~3번선), 다카라즈카(宝塚) 본선 3개(4~6번선), 고베(神戸) 본선 3개(7~9번선)를 각각 나누어 사용하고 있다. 우메다역 밖으로는 3복선의 선로가 나란히 연결되어 있으며, 각 선로는 많은 승객들의 승차 동선과 하차 동선을 분리하기 위해 승하차 플랫폼을 달리 적용하고 있는 것이 특징이다. 따라서 이 역에 도착한 모든 열차는 양쪽의 출입문을 모두 열고, 한쪽에서는 승객의 승차를 전담하고, 다른 쪽에서는 승객의 하차를 전담한다.

한큐 우메다역의 3복선이 완성된 이후, 3개 노선의 열차, 특히 특급열차는 10분 간격으로 운행되는데, 3노선의 발차 시각이 서로 같기 때문에 동시에 출입문을 닫고 동시에 발차하여 다음 역인 주소(十三)역까지 나란히 3개 열차가 운행하는 장면을 쉽게 목격할 수 있다. 특히 한큐 발행의 출판물이나 광고자료 등에는 이 3개 열차의 동시 주행하는 장면이 담겨 있어 한큐의 상징 중 하나가 되었다.

6. 최근의 사철회사 운영경향

1) 관광객들을 위한 안내시스템의 강화

현재 일본의 사철회사들은 급증하고 있는 외국인 관광객들의 편의를 위해
다국어 안내시설을 점차 확충하고 있다. 특히 한국과 중국에서 관광객들이
많이 찾아오기 때문에 주요 안내방송과 안내 모니터, 열차 안내 전광판 등에
한국어와 중국어 안내를 추가하고 있으며, 2020년 도쿄 올림픽 유치가 되어
도쿄지역 사철회사들은 외국인들을 위한 다양한 안내시스템 도입을 서두르
고 있는 상황이다.

한큐와 한신에서 도입한 32인치 와이드모니터를 사용한 한국어 안내.
주변 지역의 관광정보까지도 알려주고 있다.

2) 1인 승무 운용구간의 확대

지방 사철 등에서 1990년대부터 운용하기 시작한 1인 승무 시스템은 점차

도시철도로 확대되어 가고 있으며, 스크린도어 및 ATO 등 안전대책이 확보되면서 도시지역을 운행하는 사철회사에서도 1인 승무 운용구간이 점점 늘어나고 있다. 특히 신교통 시스템의 경우 아예 운전실을 없애고 무인운전을 시행하는 노선도 많이 신설되었다.

3) 기기 이중화 및 첨단기술 채용 및 에너지 절약대책

현재 사철회사들의 철도차량 설계 트렌드는 바로 이중화이다. 즉, 기기를 이중으로 설계하여 작동하던 전동기, 제어장치, 보조전원장치, 팬터그래프 등이 고장 날 경우 백업시스템을 바로 가동하여 운행 중단이나 열차 지연을 최소화하는 장치를 마련하고 있다. 즉, 팬터그래프 고장 시 다른 팬터그래프를 통해서 전력을 공급받아 기지까지 자력회송을 할 수 있게 하고, 보조전원장치 고장 시 열차의 주 제어장치 인버터를 보조전원용으로 전환하여 전원공급이 끊어지지 않게 한다. 전동기나 주 제어장치가 고장을 일으킬 경우 연결된 다른 차량의 동력만으로 주행하여 기지로 돌아갈 수 있게 하는 등, 고장이 발생하더라도 열차의 운행은 중지되지 않게 하여 불편을 최소화하는 방법으로 차량이 제조되고 있다. 또한 주식회사 종합차량제작소(J-TREC)의 공통전동차 플랫폼인 Sustina를 도입하는 등 부품의 공통화 및 전동차 표준모델의 제조를 시행하여 이를 통해 비용을 절감하고 있으며, 새롭게 개발된 탄화규소(SiC) 부품을 사용한 VVVF인버터 제어를 통하여 소비전력을 절감하고 디젤동차의 경우 커먼레일 직분사 엔진 도입으로 배기가스 배출을 줄이는 등의 환경보호 대책도 시행되고 있다.

제4장

지방철도의 부활

제4장

지방철도의 부활

1. JR규슈 하우스텐보스(Huis Ten Bosch, 네덜란드어 '숲의 집')역

　　JR규슈의 지방노선 오무라(大村)선은 1898년 1월 20일 개통하였으며, 구간은 나가사키현(長崎県) 사세보시(佐世保市) 하이키(早岐)역에서 이사하야(諫早)역까지 47.6km 구간을 운행하고 있다. 역수는 13개이며 일부 전철화되어 있다. 지와타(千綿)역은 단선으로 오무라선의 중간역으로 최고속도 시속 95km 구간이다.

　　하우스텐보스역은 1992년 하우스텐보스의 개장과 함께 부설된 JR규슈의 오무라선에서 가장 최근의 역이다. 네덜란드 마을을 그대로 재현한 테마파크의 입구역이다. JR철도역에는 드물게 영문명을 그대로 쓰고 있는 역이다. 오무라선의 경우 하카다(博多)역에서 이 역까지 특급열차 운영을 위해 전철화되었다.

예전 해군훈련소였던 하우스텐보스(네덜란드 마을)와 철도역

역에서 바라본 하우스텐보스 풍경

　하우스텐보스 테마파크는 1943년 해군부대가 주둔한 기지였으며, 1945년 미국기지, 그 후에는 일본의 육군자위대가 주둔한 곳이다. 1992년에 이곳에 테마파크인 하우스텐보스가 들어서 관광명소가 되었다. 하우스텐보스는 중세 네덜란드를 그대로 옮겨다 놓은 모습으로 '일본의 작은 유럽'으로 불리는 테마파크이다. 다양한 오락시설뿐만 아닌 레스토랑, 호텔까지 겸비하고 있다.

2. JR규슈 남풍의 역(하에노사키, 南風崎역)

하에노사키역은 나가사키현(長崎県) 사세보시(佐世保市) 하에노사키초(南風崎町)에 위치한 역이다. 1898년에 역이 만들어졌으며 현재 하우스텐보스 주변의 우라토(浦頭) 항구가 있었다. 태평양전쟁 후 1945년 10월 4일 9,997명의 귀국자 철도수송을 시작으로 1950년 4월까지 중국, 동남아방면으로부터 일본인 귀국자가 이 역을 통해 전용열차로 고향에 돌아간 역으로 유명하다. 1945년대 시간표에 의하면 2~3왕복의 이 역에서 도쿄역까지의 보통열차가 부정기적으로 운행한 기록이 있다.

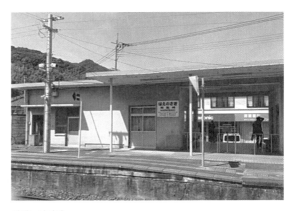

하에노사키역

3. JR규슈 지와타(千綿)역

1928년에 역사가 건립되고 영업이 시작되었다. 그 후 1971년부터 무인역으로 히가시소노기초(東彼杵町, 나가사키(長崎)현)의 소유가 되어 1993년부터 옛 모습 그대로 개축되어 지금의 모습으로 남아있다. 원래 역사는 지상에 그대로 지어졌기 때문에 콘크리트 위에 현재의 역사를 만들었으며 과거의 역사를 최대한 활용했다. 지와타역은 단선 구간의 지상 역으로 내리막 구간 좌측에 목조 역사가 있다. 정차하는 곳 앞 계단을 내려와서 역이 위치해 있다. 그래서 수해로 바닥이 침수되기도 했다.

또한 오무라(大村)만의 해안선을 따라 굽은 구간에 설치되어 있다. 이 역의 독특한 점은 곡선 구간과 마주하고 있다는 점에서 안전을 위해 정차하는 열차는 바다 쪽으로 기울어진 상태로 정차한다. 열차에서 내릴 때 승강장과 열차 사이 공간이 크다.

지와타역은 아름다운 바다가 한눈에 보여 2014년 겨울의 '청춘 18 티켓' 포스터 사진으로 선정될 정도로 소문났다. 그리고 운영 중인 디젤전동차는 구 국철 시대에 제조된 동차로서 향후 1년 후에 교체될 예정이다.

지와타역

철도가 그린 동아시아 풍경

지와타역으로 진입하는 열차

4. JR홋카이도 시오카리(塩狩)역

JR홋카이도의 소야(宗谷) 본선은 홋카이도 아사히카와(旭川)역과 일본 최
북단인 왓카나이(稚內)역을 연결하는 지방교통선으로는 가장 긴 259.4km의
노선이다. 1898년 8월 12일 개통하였으며, 최소곡선반경은 200m, 최고속
도는 시속 120km이다.

이 노선은 지역의 자원인 목재와 석탄, 수산물을 주로 수송하고 있었다. 전
쟁 전에는 사할린과 연락선이 왓카나이역에서 연결되어 국제철도로서의 기
능도 수행하였다.

소야 본선에 속한 중간 역으로 시오카리역이 있다. 시오카리역은 1916년
9월 5일 철도원 소야선의 시오카리 신호소로 출발하였다. 1924년에 시오카
리역으로 승격되었으며 여객과 화물 취급을 개시하였다. 그 후 지역발전에

《시오카리 고개(塩狩峠)》의 주인공의 공적   시오카리역
비(시오카리역 구내)

큰 역할을 했으나 수요 감소로 1986년 무인역으로 변화하였다. 하루에 상하
행 9개 열차가 정차하고 있다. 이 역은 일본 철도사고 역사에서 승무원이 순
직하며 승객을 구한 역으로 유명하다.

　1909년 2월 28일 8100형 증기기관차가 견인하는 아사히카와 행 최종 급
행열차가 시오카리언덕의 정상부근에 도달했을 때 연결기가 이탈하여 마지
막 칸의 객차가 분리, 역행하여 이탈했다. 즉, 달리는 열차분리사고가 발생
한 것이다. 승차한 철도원 아사히카와 운수사무소 서무주임 나가노 마사오
(長野政雄)가 핸드브레이크를 조작해 폭주하는 객차를 정지시키려고 했는데
차에서 추락하여 순직하였다. 그의 희생을 통해 승객들이 무사하였다. 일본
의 기독교 작가 미우라 아야코(三浦綾子)는 이러한 사실을 소설화하여 《시오
카리 고개(塩狩峠)》(《설령》이라는 제목으로 한국어로 번역되었음) 소설을 써

시오카리역 앞에 정차한 열차

서 유명해졌으며, 이는 영화화되기도 하였다. 이 역 주변에는 그를 추모하는 기념비와 미우라 아야코의 문학기념관이 있어 많은 사람들이 찾고 있다.

그를 기념하는 기념비에는 그가 미우라 아야코가 다닌 아사이카와 로쿠조 교회의 주일학교 교장이었으며 당일도 철도 직원들을 위한 전도를 위해 다녀 오는 길이었다. 항상 기독교정신인 '희생을 실천하며 살겠다'는 편지가 몸에 서 나왔다고 한다. 나가노 가슴에 "기쁠 때나 슬플 때나, 사나 죽으나 하나님 께 감사. 내가 가진 모든 것을 주께 감사함으로 드린다"라는 유서를 가지고 있었다.

5. 도야마(富山) 경전철

　도야마현은 혼슈 가운데의 동해에 면해 있는 1가구당의 자가용 승용차 대수가 1.71대로 전국순위 2위인 자가용승용차 의존이 높은 현이다. 현청 소재지인 도야마시는 인구 42만 명의 전형적인 지방도시이지만 불규칙적으로 팽창한 도시를 변화시키기 위해 2006년에 개정된 중심시가지활성화법에 기초한 컴팩트 시티 계획을 제시했다.

　도야마시는 자가용차 의존도는 높지만 기존 철궤도 노선망도 발달한 도시다. 2006년 초 시점에서는 동해에 면한 여러 도시를 연결하는 간선 JR호쿠리쿠(北陸) 본선 외에 도야마와 기후(岐阜)를 연결하는 JR다카야마(高山) 본선, 도야마에서 외항인 이와세하마(岩瀬浜)를 잇는 JR도야마항(富山港)선, 도야마에서 우나즈키(宇奈月)온천, 다테야마(立山) 등을 연결하는 도야마지

도야마 경전철

철도가 그린 동아시아 풍경

도야마지방철도 다테야마역

방철도의 각 철도노선과 도야마지방철도가 운행하는 노면전차 시내선이 있었다. 그런 가운데 호쿠리쿠 신칸센 개통에 따른 도야마역 고가화를 진행할 때에 JR도야마항선은 폐지 대상이 되었다. 그래서 도야마시가 이것을 인수하여 고가화를 추진하지 않고 일부 병행궤도화를 포함한 전면적인 개량을 통해 2006년 4월에 도야마시도 출자하는 제3섹터인 도야마라이트레일 7.6km를 개업시켰다.

같은 해인 2006년 시 부담으로 도야마 시내를 달리는 JR다카야마선에서 열차 증차 실험을 개시해 연선주변에 환승주차장을 설치하고, 그 외에 2008년 3월에는 임시로 신역사(후추우사카(婦中鵜坂)역) 설치를 시행했다. 게다가 2009년 12월에는 기존 노면전차를 운행하고 있는 도야마지방철도의 시내 선을 연결시키기 위해 도야마시가 0.9km 선로부설을 부담하는 것으로 순환선을 개업시켰다. 시설과 차량은 시가 건설·소유하고, 운행은 도야마지방철도가 담당하는 '상하분리'방식이다. 궤도상의 상하분리는 '지역공공교통 활성화·재생법'으로 일본 최초로 실현된 사업이었다.

도야마시는 버스이용자에게 '나들이정기권'을 발매하고 있는데, 고령자 회원은 100엔이라는 파격적인 요금으로 시내 각 지역에서 중심시가지로 이동할 수 있는 혜택이다. 이것을 2008년에는 도야마지방철도의 철도선에서, 2011년에는 도야마시내선과 도야마경전철에도 이용할 수 있는 조치를 취했다. 도야마시는 공공교통을 활용한 중심시가지활성화책을 계속해서 내놓고 있는데, 흥미로운 점은 지정된 꽃가게에서 꽃을 구매하면 시내전차 등의 요금이 무료가 되는 '꽃다발트램사업'이라는 것도 있다. 시내 호텔에 투숙하면 경전철과 순환선을 이용할 수 있는 공통할인권이 배부되기도 하고 외국인이면 무료사용이 가능하다.

여기에 모두 나열하지 않지만 중요한 것은 이런 시책이 서서히 결실을 맺고 있다는 것이다. 도야마 경전철의 경우 일찍이 JR시대와 비교하면 운행횟수가 대폭적으로 늘어난 것과 더불어 운행시간의 연장, 역사 증설, 철저한 바리어프리화 등 편의성이 향상되어 이용자가 크게 증가했다. 개업부터 2014년도까지 8년간 평균 수치를 보면 평일 이용자는 개업 전과 비교하여 2.1배, 휴일은 3.9배가 되고, 평일 주간시간대의 고령자 이용객도 눈에 띄게 늘었다. 도야마시 조사에 따르면 이용자의 약 20%는 JR시대에 자동차를 운전했다고 답변했고, 평일의 경우 이용자의 20%가 이전에는 이동을 삼갔던 신규고객이라 한다. 이렇게 도야마 경전철이 고령자의 외출을 촉진시키는 역할을 하고 있다는 것을 알 수 있다. 또 JR다카야마 본선에 대해서도 사회실험 종료 후에도 이용자는 사회실험 전에 비해 10% 증가하고 임시로 설치된 후추우사카역도 상설역이 되었다. 중심시가지에 대한 임팩트라는 점에서는 순환선 효과도 크고 기존 도야마지방 철도의 노면전차 이용자는 순환선 개업 때인 2009년에 비해 2012년에는 13% 증가했다. 2012년 중심시가지 보행자수는 2006년에 비해 32% 증가했으며, 폐점포수는 2009년 20.9%에서 19.4%로 저하됐다. 이로써 도야마시는 인구집적도, 고령화에 따라 동반한 자연감소는 있었지만 인구가 2008년도부터 전입 초과가 되어 공공교통의 이용과 컴팩트시티 형성에 대한 소기의 성과를 올렸다고 볼 수 있다.

6. 역 도시락(에키벤, 駅弁)

일본의 철도역에서는 도시락을 판매하여 맛과 함께 관광을 즐기도록 하고 있다.

도시락 순위를 보면 다음과 같다.

일본에는 약 5,000개의 역 도시락이 판매되고 있다.

또한 지방철도의 부활전략은 여러 가지 면에서 나타나고 있다. 주로 관광 활성화에서 나타나고 있는데 역에서 관광지와 연계한 연계티켓을 판매하고 있다. 지역철도사업자의 70%가 관광열차를 도입하고 연계관광상품을 판매하고 있다. 개인여행자에게는 SNS을 통한 홍보가 주를 이루고 있다. 단체 관광객은 지방자치단체, 관광단체와 협력해서 추진하고 있다. 편리한 여행이 가능하도록 버스와의 연계교통, 일본어 이외 다른 나라의 언어로 홍보하는 것에 주력하고 있으며, 역내에서 와이파이나 자전거 대여 등에 힘을 쏟고 있다.

1위 홋카이도 오징어도시락(모리(森)역)

2위 야마가타(山形) 소고기 도시락(요네자와(米沢)역)

5위 홋카이도 굴 도시락(앗케시(厚岸)역)

철도가 그린 동아시아 풍경

일제 강점기 우리나라의 사설철도

제5장

일제강점기 우리나라의 사설철도

1. 서론

우리나라 철도는 1899년 9월 18일 개통 이후 1910년부터 일제에 의해 철도가 운영되었다. 철도의 운영주체는 조선총독부 철도국이었다. 1917년부터 운영주체가 남만주철도주식회사로 변경되어 1925년까지 운영되었다. 그 후 다시 조선총독부에 의해 운영되다가 1945년 해방을 맞이하게 되었다.

한편 운영방식은 국유철도와 사설철도가 있었는데 1945년 해방시점에 국유철도가 5,038.3km, 사설철도가 1,368.4km로 사설철도의 비중이 21.4%로 적지 않은 비중을 차지하고 있었다.

그동안 일제강점기에 있어 사설철도에 대한 연구를 살펴보면, 도도로키 히로시(轟博志)는 사설철도망의 특성을 시간과 공간적인 시각에서 분석하였다. 시계열적으로 사설철도는 1910년대 경편철도시대, 1920년대 전반 척식철도 전성기인 제1기 사설철도 붐 시대, 1920년대 후반인 사설철도국유화시대, 1930대 제2차 사설철도 붐 시대, 1940년대 전반의 전시체제로 구분하였다.

공간적으로는 남한 중심의 척식철도형과 북한 중심의 산업철도형으로 나누고 조선총독부의 의향이 짙게 반영된 민자 활용의 국책철도로 설명하였다. 또한 일본 국내 사설철도 법제와는 유사하지만 전혀 다른 성격을 가지고 있디고 주장하였다.[8]

최근에는 사설철도연구가 다양하게 진행되고 있다. 야지마 케이(矢嶋桂)는 1920년대 조선의 대표적인 사설철도인 조선철도주식회사를 통해 사설철도 자본가들의 행태를 분석하였다. 그는 이 회사가 조선총독부 재정에 유착하여 투자를 보전하고 배당을 유지하는 과정을 설명하였다.[9]

한편 국내 학자의 연구를 살펴보면, 박우현은 "1930년대 대공황기의 사설철도정책의 특성에 대해서 조선총독부의 사설철도 매수계획이 실패하고 차선책으로 보조법을 개정하여 대장성과 총독부, 사설철도자본가의 갈등을 절충하고 봉합하였다"고 주장하였다.

아울러 일본과 조선총독부가 조선의 철도망을 부설하고 운영하는 데 자금의 이원적인 운영이 있었다고 설명하고 있다. 공채 발행으로 일본 정부가 직접 운영하는 노선은 국유철도노선으로 대륙과의 연결성에 중심을 두었고, 반면 대륙과의 연결보다는 조선 산업발전에 관계한 노선, 즉 사설철도의 경우는 공채발행이 아닌 식민지의 조세수입에 의한 보조금으로 지급되었다.[10]

....

8) 도도로키 히로시, 이용상 공저, 《한국 철도의 역사와 발전 Ⅱ》. 북갤러리, 2013년, pp.58-59

9) 矢嶋桂, 《戰間期日本の対朝鮮鉄道投資1918-1929年》, 2012, 一橋大学大学院経済研究科博士論文
矢嶋桂, 《植民地朝鮮への鉄道投資の基本的性格に関する一考察-1923年朝鮮鉄道会社の成立を中心に》, 経営史学 44-2, 2009년

10) 박우현, 《대공황기(1930-1934) 조선총독부의 사설철도정책 전환과 특성》, 역사와 현실, 101, 2016년, pp.307-344

사설철도의 노선별 연구로는, 이정훈은 사설철도인 삼척철도주식회사의 설립과정과 영향력을 분석하였다. 그는 "삼척철도주식회사는 조선총독부가 광업권을 가지고 민간에게 탄전을 불하하면서 이 회사가 생겨났으며, 노선부설은 조선총독부의 일방적인 결정으로 조선의 의견은 전혀 반영되지 않았다. 이 철도는 묵호항 개발, 교육기관시설, 상하수도 등 도시 인프라 건설과 함께 이 지역의 인구가 급속하게 증가하였다"[11]고 설명하고 있다.

  정안기는 사설철도인 경춘철도에 관한 연구에서 경춘철도주식회사의 설립 배경과 조선식산은행과 조선의 자본으로 만들어진 특수한 성격을 언급하였고 여객 위주의 사업과 다각경영으로 대표적인 조선사설철도라고 규정하였다. 경춘철도의 설립은 당시 인구 70만 명의 경성부와 삼척공업지대를 연결하는 중부조선의 횡단선 혹은 경성부의 거주인구의 분산을 위한 교외확장선과 강원도 산업개발을 촉진하는 지역개발선의 성격을 지니고 있었다.[12]

  이 장에서는 그간의 연구를 참고하여 연구가 미진한 부분인 조선에 있는 사설철도의 법과 제도 그리고 인력, 보조금의 변화와 함께 사설철도가 가지고 있는 특징을 분석하여 일제강점기 사설철도의 성격을 살펴보고자 한다.

2. 사설철도의 변화

  사설철도에 대해서는 제1기 경편철도시대가 1910년대에 진행되었다. 조

11) 이정훈, 이용상, 《한국 철도의 역사와 발전 III》, 북갤러리, 2015년, pp.98-104
12) 정안기, 〈1930년대 조선형 특수회사 경춘철도(주)의 연구〉, 서울학연구 65, 2016년 8월
    pp.155-208

선총독부 철도국에서는 닛타 도메지로(新田留次郞)[13]를 해외에 파견하여 관련제도를 조사하였고, 일본에서 이미 시행중인 사설철도관련제도를 참고하고 조선에서의 특징을 가미, 관련제도를 정비하였다.

조선총독부는 제도적으로 재정적인 지원을 하면서 일본 본국의 철도자본을 유인하였다. 1912년에 '조선경편철도령'이 발효되었다. 경편철도란 노선이나 차량 규격을 간편화한 철도시스템을 말하는데, 소자본으로도 철도경영에 적극적으로 참여할 수 있게 하려는 의도로 일본 본국에서도 도입된 규격이었다. 보통 궤간은 일반철도의 절반가량인 762mm 협궤였으며, 지상 시설이나 차량도 노면궤도와 같은 규격이었다.

그리고 1914년부터는 총독부 예산으로 철도회사에 대한 보조금을 지급하였다. 이는 노선의 건설 중 및 개통 후에도 이익을 내지 못할 경우에 주가총액의 6%까지를 보조하는 것이었다. 1914년에 정한 경편철도보조 내규를 보면 '제1조 경편철도에 대해서 그 결산기마다 아래의 비율로 보급(補給)을 한다. 단, 예산 성립을 조건으로 한다. 1. 영업개시 전에는 불입자본금액에 대해 연 6분(分)에 달하는 금액 및 사채 및 차입금의 이자. 2. 영업개시 후는 불입자본금액에 대한 순익금 연 6분에 달하는 부족금액 전항의 순익금은 영업총수입에서 영업총지출(사채, 차입금의 이자법정 적립 이익금의 백분의 8, 배당 준비 적립금의 백분의 2, 임원상여금의 백분의 10 이내를 포함한다)을 공제한 금액으로 한다. 제2조 사채를 발행하고 차입급을 형성하는 경우에는 그 금액 및 조건을 구비하고 허가를 얻어야 한다. 제3조 보조에 관한 신

....

13) 이시카와(石川)현 출신으로 1897년 도쿄제국대학 공과 졸업, 1904년 철도작업국 입사, 1906년 통감부 철도관리국 기사, 1921년 공무과장을 역임하였다. 퇴임 후 1927년 조선철도주식회사 전무이사를 역임하였다.

청은 사채의 주소를 관할하는 지방장관 및 경무부장을 경유해야 한다'[14]고 정하였다.

이 내규에 의해 주주에게 주식 배당금을 정부가 대신 보장하는 의도였으며, 이로써 일본 국내자본의 투자 유치를 도모하는 것이었다. 보조금 신청은 1년마다 가능했으며, 보조율은 1918년부터는 7%, 1919년부터는 8%로 인상되었다.

제2기 제1차 사설철도 붐은 1920년 초반에 시작되었다. 1920년 조선경편철도령은 '조선사설철도령'으로 개편되었다. 경편철도는 노선 속성이라는 장점이 있지만 규격의 차이 때문에 국영철도와 상호 직통이 불가능하다는 단점이 있으며, 특히 환적(換積)이 필요한 화물열차에 있어서는 치명적인 결함이었다. 제1차 세계대전 이후의 호황으로 인해 일본 자본가들이 조선의 인프라 투자에 적극적으로 된 탓도 있어서 향후 사설철도 건설은 경편철도가 아니라 국영철도와 동일한 규격을 위해 법을 바꾼 것이다. 이어 1921년에 보조금 지급도 정식으로 법제화하여 '조선사설철도보조법'을 제정하였다.

조선사설철도보조법 제1조에서는 '조선에서 철도를 경영하는 주식회사의 매 경영 연도의 이익금이 철도경영에 필요로 하는 불입 자본금액에 대한 연 8분의 비율에 달하는 때에는 조선총독은 회사에 대해 설립발기일로부터 15년을 한도로 그 부족금액을 보급할 수 있다. 단, 보조금은 철도 경영에 필요한 불입자본 금액에 대하여 연 8분에 해당하는 금액을 초과할 수 있다'[15]고 정하였다.

보조율은 종전과 같았지만, 총 보조예산은 연간 250만 엔(후에 300만 엔)

14) 선교회(鮮交會),《조선교통사》, 1984, p.775

15) 상계서, pp.778-779

을 계상하고, 잔금은 익년도에 이월하는 것, 보조연한을 15년(후에 25년까지 단계적으로 연장)으로 하는 것 등의 규정이 추가되었다.

이로 인해 일본 자본이 대거 몰려들면서 전국 각지에서 사설철도 계획이 제출되어, 허가를 받고 건설이 시작되었다. 이것이 제1차 사설철도 붐의 도래이다. 〈표 17〉이 1925년의 국유철도와 사철의 영업노선현황이다. 국유철도는 2,094.2km, 사설철도는 640.7km로 사설철도가 전체 철도의 23%를 차지하고 있었다.

〈표 17〉 1925년 조선철도 위탁해제 시 국유철도와 사설철도 영업노선 비교(지선 포함)

국유철도(km)		사설철도(km)	
경부선	529.6	전북철도회사선	24.9
경의선	591.6	개천경편철도회사선	37.0
호남선	282.4	조선철도회사선	407.3
		도문철도회사선	58.1
경원선	221.4	조선경남철도회사선	75.3
함경선	469.2	금강산전기철도회사선	28.8
		조선가스전기철도회사선	9.3
합계	2,094.2(67%)	합계	640.7(23%)

자료 《철도건설사(1969)》, p.39

제3기 사설철도 국유화시대는 1920년 후반에 시작되었다. 1919년 삼일운동 이후 조선통치를 무단통치에서 문화통치로 방침을 전환한 총독부는 철도망 구축의 목적을 통치 및 군사 위주로부터 지역 산업개발 위주로 서서히 전환시켰다. 제1차 사설철도 붐은 이러한 움직임의 제1단계라고 할 수 있었으며, 1925년에 실행된 국유철도의 남만주철도 위탁경영 해제 및 총독부 직영화는 그 제2단계라고 할 수 있다.

그리고 제3단계로 실시된 것이 '조선철도 12년계획'이다. 이는 총독부가 조선의 산업화 촉진을 명목으로 국회에서 3억 2천만 엔에 이르는 예산을 승인받아 실시한 대규모 철도망 정비계획으로, 조선 전체에 국유철도 네트워크를 1927년부터 12년간에 걸쳐 완성시키려는 것이었다. 필요한 노선은 직접 건설하되, 사설철도가 이미 개통시킨 구간에 대해서는 이를 매수하기로 하였다. 매수대상은 조선철도 경남선, 경동선 및 전남선, 전북철도, 평북의 개천철도 그리고 함경북도의 도문철도였다. 경남선(마산~진주)은 국유철도의 경전남부선, 전남선(전남 광주~담양)과 전북철도는 경전북부선, 경동선은 대구선(대구~영천)과 동해남부선(부전~학산), 도문철도는 함경선으로 각각 편입 개칭되었고, 협궤노선의 경우 표준궤로의 확장공사도 시행되었다.

매수대금은 일본 본토의 법을 준용해서 산출되었는데, 적어도 노선 건설비용을 철도회사가 회수할 수 있게 책정되었다. 유일하게 흑자경영이던 전북철도의 경우는 규정에 따라 건설비의 2배에 이르는 매수액이 지급되었다. 이러한 양호한 조건 때문에 주주들은 일반적으로 철도 국유화를 투자회수의 호기로 간주하여 국유화정책에 협조적이었으며, 경우에 따라서는 조선철도주식회사의 일부 주주처럼 '매수촉진운동'이라는 이름하에 정부나 국회의원에게 로비를 벌이는 경우도 있었다.

1927년 '조선철도 12년계획'으로 인한 사설철도 매수가 시작되었으나 1930년에 이르러 사설철도는 9개 회사의 총자본액 1억 1백30만 원이었다. 노선연장은 개업선 906.3km, 미개업선 975.9km로 합계 1,882.2km에 달하였다.

사설철도는 당시 일본인 자본의 식민지 투입을 정책상으로 유치하고, 국유철도 대행의 의미로서 건설을 장려하였으나 '조선철도 12년계획'에 따라 운영의 통일성, 운수계통의 정비 등의 이유로 1927년 이후 매수하기 시작하여 매수노선 653.7km, 매수가격 총액 4,410만 5천원이었다.

제4기 제2차 사설철도 붐은 1930년대에 진행되었다. 철도국유화, 일본 철도자본의 유입, 만주사변 등 여타 요인이 겹치며 제2차 사설철도 붐이 1930년대에 일어났다.

1934년 3월 조선사설철도보조법의 획기적인 개정이 이루어졌다. 개정 조항은 다음과 같다. 제1조 조선총독은 조선에서 공중의 용도로 사용하기 위해 경영하는 사설철도에 대한 그 철도 영업개시일로부터 15년을 한도로 보조금을 교부할 수 있다. 조선총독은 필요가 있다고 인정되는 때에는 다시 5년을 한도로 전항의 기간을 연장할 수 있다. 제2조 전조의 보조금은 아래의 각 호에 의하여 금액을 한도로 한다. 1. 전조 제1항의 기간 중은 매 영업 연도의 건설비에 대한 연 6분의 비율에 상당하는 금액, 단 매 영업 연도에 이익금이 건설비에 대하여 연 1분의 비율에 상당하는 금액을 초월할 때에는 그 초월금액은 보조금액에서 공제한다.[16] 이는 당시 사설철도의 경영성적이 호전됨에 따라 보조금을 감액하는 조치였다.

이 시기에 건설된 철도는 크게 나누어서 두 가지 성격을 띠었다. 하나는 종전과 같이 일정 지역을 관통하는 간선이나 지역개발을 위한 철도의 미개통구간을 계속 건설하는 것이었고, 또 하나는 특정 산업개발이나 자원수송을 위한 철도였다. 전자는 특히 인구가 밀집하고 평야가 많은 남한지역에 집중적으로 건설되었다. 대표적인 노선으로는 수원에서 여주 및 인천항을 연결한 조선경동철도, 여수항에서 순천 보성을 거쳐 광주를 이은 (신)남조선철도 등이었으며, 기존 조선철도와 조선경남철도도 계획노선을 착실하게 연장하고

....

16) 상게서, p.780

있었다. 이 중 남조선철도는 일본 철도재벌인 도부철도의 총수 네즈 가이치로(根津嘉一郞)가 여수항 개발과 동시에 투자한 것으로, 일본 철도재벌이 한국의 철도 및 식민지경영에 나선 유일한 사례가 되었다. 〈표 18〉은 이러한 현상을 반영하고 있다. 1920년대 초에 사설철도회사 수가 증가하였고, 국유화로 감소 후 1930년에 다시 사설철도기업 수가 증가하였다.

철도노선의 확장은 1927년 이후 '조선철도 12년계획'에 의해 급격하게 확장되었는데, 1925년~1937년에는 산업선의 확충, 1937년~1945년에는 수송력 증강을 위해 복선화와 자동신호등 설치가 이루어졌다. 1927년 시작된 '조선철도 12년계획'에 의해 경전선, 도문선, 혜산선, 만포선, 동해선 등의 건설이 시작되었다.

당시는 제5기 전시체제의 시기로, 자재 및 인력 부족으로 일반 척식철도건설은 거의 정지되었다. 일부 철도는 폐지되었고 전쟁수행을 위한 자원개발로 일부 철도가 건설되거나 계획되었다. 또한 전쟁수행을 위해 일부 사설철도가 국유화되었다.

〈표 18〉 사설철도 기업의 변화

연도	연도 중 면허선		연도 중		연도 말 현재 상황		
	건수	km 수	개업 km	매수 km	연도 말 영업 km	연도 말 미개업 km	회사 수
1911	1	19.5	—	—	9.3	19.5	2
1912	1	185.4	—	—	9.3	204.9	2
1919	10	1,776.2	64.4	—	285.6	2,426.9	15
1920	5	1,276.9	22.7	—	308.3	2,377.2	17
1922	1	2.7	70.5	—	445.1	2,314.1	17
1927	2	275.9	104.3	61.6	826.5	1,378.5	10
1928	—		74.3	147.8	753.0	1,165.0	9

1929	2	78.0	146.3	78.5	820.8	1,065.0	10
1930	–	–	2519	2519	10727	5697	10
1931	2	47.0	139.5	70.0	1,142.3	337.7	10
1936	3	202.4	42.5	–	1,134.4	495.2	13
1937	7	381.4	77.4	–	1,211.8	897.4	16
1938	1	5.9	97.2	56.6	1,252.4	772.9	–
1939					1,635.9		
1940					1,573.5		
1941					1,619.5		
1942					1,657.2		
1943					1,695.4		
1944					1,375.5		

자료 조선총독부 철도국(1940), 《조선철도 40년 약사》, pp.586-587, 선교회(1986) 《조선교통사》, p.871

사설철도의 경영성적은 국유철도에 비해 전반적으로 성적이 좋지 않았다. 수송량의 경우 1921년 조선사설철도보조법이 제정된 이후 여객과 화물이 급격하게 증가된 것을 알 수 있다. 특히 1935년 중반 이후 제2차 사설철도 붐 시기에는 경영이 호전된 것을 알 수 있다. 〈표 19〉를 보면 1920년대 초반과 1930년대에 수익이 높은 것을 알 수 있다.

〈표 19〉 사설철도 성적의 변화

연도	여객 인원 (인)	화물 톤수 (톤)	철도 수입 (엔)	철도 영업비 (엔)	수지 비율	철도 수익 (엔)	철도 건설비 (엔)	건설비에 대한 이익금의 비율
1914	30,338	4,968	16,625	15,558	0.94	1,067	277,998	0.004
1915	128,960	26,411	64,408	50,595	0.79	13,813	510,859	0.027

1916	186,935	64,467	305,382	79,344	0.75	26,038	1,016,711	0.025
1917	312,178	102,775	181,368	136,990	0.76	44,378	1,695,976	0.026
1918	666,959	136,461	381,931	325,518	0.85	56,413	2,895,644	0.019
1919	1,163,630	35,730	825,572	745,298	0.90	80,274	7,143,539	0.011
1920	1,236,097	35,285	1,350,912	1,182,323	0.88	168,589	11,241,560	0.014
1921	1,295,941	298,609	1,559,704	1,350,008	0.87	209,696	15,447,173	0.013
1922	1,698,913	431,576	2,114,303	1,617,397	0.76	796,906	23,177,620	0.021
1923	1,995,259	535,388	2,516,562	1,928,613	0.77	587,949	32,239,975	0.018
1924	2,707,813	540,173	2,789,673	2,368,373	0.85	421,300	39,895,244	0.011
1925	3,437,884	709,428	3,564,238	2,895,638	0.81	668,600	48,661,304	0.013
1926	4,027,819	924,921	4,266,295	3,406,953	0.80	859,342	55,515,680	0.015
1927	4,063,804	1,107,676	4,843,292	3,761,347	0.78	1,081,945	62,878,225	0.017
1928	3,112,665	1,048,064	4,795,566	3,998,450	0.83	797,116	60,826,626	0.013
1929	2,788,359	898,450	4,473,366	3,839,023	0.86	634,343	62,722,322	0.010
1930	2,710,627	964,145	3,784,227	3,346,637	0.88	447,590	81,923,603	0.005
1931	2,934,760	894,598	4,415,325	3,393,281	0.77	1,022,044	81,951,875	0.120
1932	3,100,231	970,760	4,450,563	3,578,110	0.81	827,453	83,903,902	0.010
1933	3,754,371	1,110,667	5,194,723	4,285,144	0.82	909,578	83,997,861	0.011
1934	4,862,668	1,460,628	5,947,463	4,740,353	0.80	1,207,084	84,130,391	0.014
1935	6,720,986	2,028,290	6,651,976	5,220,077	0.78	1,431,899	84,891,631	0.017
1936	8,035,041	2,064,867	6,482,913	4,742,310	0.73	1,740,603	77,806,224	0.022
1937	9,465,653	2,659,613	7,376,420	5,341,249	0.72	2,035,153	81,565,965	0.025
1938	11,417,965	2,920,126	10,120,046	7,457,569	0.74	2,672,477	93,165,064	0.029
1939	17,195,000	4,334,000						
1940	23,519,000	7,280,000						
1941	24,254,000	8,235,000						
1942	25,023,000	8,774,000						
1943	31,013,000	7,702,000						

자료 조선총독부 철도국(1940), 《조선철도 40년 약사》, pp.588-589, 선교회, 《조선교통사》, p.886

보조금과 관련해서 요시다 히로시(吉田浩, 1932년 7월~1938년 4월 조선 철도국장 재직)는 조선의 사설철도에 상당한 힘을 기울였다.[17] 재임 당시 문 제가 되었던 사설철도보조를 일본 정부에 적극적으로 유지하도록 추진하였 다. 당시 일본 의회에서 조선철도의 매수 문제와 보조금 문제가 쟁점이 되었 는데 대폭 예산이 삭감되는 형편이었지만, 요시다 국장은 일본으로 건너가 보조금 삭감을 막았다.

당시 조선 내의 사설철도에 대해 예산권을 가지고 있는 일본 대장성은 보 조금을 일본 사설철도와 같은 건설비에 대한 연 5% 보조금, 혹은 대폭 삭감 을 주장하였다. 조선총독부와 철도국의 노력으로 1934년 조선사설철도보조 법은, 보조기간을 설립등기일부터 15년에서 '철도 영업개시일부터 15년, 단 조선총독이 필요하다고 인정될 때는 다시 5년 연장'으로 개정되었다. 보조율 도 불입자본금 8%에 달하는 금액에서 해당 영업 연도에 이익을 공제한 금액 에서 '매 영업 연도의 건설비에 대해 연 6%의 비율에 상당하는 금액. 단 매 영업 연도의 이익금이 건설비에 대해 연 1%가 넘을 때 그 초과분을 보조금 에서 공제하고, 다만 연장기간에는 건설비의 5%로 하고, 이익금이 건설비의 연 1.5%가 넘을 때 초과분을 보조금액에서 공제한다'로 개정하였다. 이를 보 면 조선철도에 대한 특혜를 줄였고 일본 내 사설철도와 비슷한 대우로 바뀐 것을 알 수 있다. 초기 대장성에서 주장한 안보다는 조선 내 사설철도에 유리 한 안으로 확정되었다. 1940년의 내용을 보면, 보조율은 건설비의 5%, 보조 기간은 15년에서 필요에 따라 10년으로 변경되었다.

한편 사설철도 보조제도를 다른 지역의 철도와 비교해 보면 1935년의 경

17) 《朝鮮人名資料事典》, 日本図書センター2002年, p.34

우 일본에 비해 조선은 보조율과 기간이 길었고 대만과 같은 보조율을 보였다.

<표 20> 사설철도 보조제도(1935년)

구분 / 지역	제정 연도	보조 개시	보조기간	보조방법	보조 금액 최고액	비고
일본	1911년	영업 개시일	10년	건설비의 5%, 수익이 나면 이를 공제	예산 범위 내	1921 · 1935년 : 건설비 5%로 인상
조선	1921년	영업 개시일	15년. 필요에 따라서 5년 연장	건설비의 6%, 수익이 나면 이를 공제	500만 원	1914 · 1916 : 투자비 6% 보조 1917년 : 투자비 7% 보조 1918년 : 투자비 8% 보조 (조선철도12년계획선에 적용) 1934 : 건설비 6% 1940 : 건설비 5%
홋카이도	1920년	영업 개시일	10년	건설비의 8% 보조, 수익이 나면 이를 공제	예산 범위 내	
대만	1921년	영업 개시일	10년	건설비의 6% 이익을 초과하면 공제	80만 엔	

1940년을 살펴보면 조선의 경우 보조율은 건설비 6%에서 5%로 인하되었지만 일본에 비해 조선은 보조율과 기간이 길었고, 대만보다는 낮은 보조율을 보였다.

〈표 21〉 사설철도 보조제도 비교(1940년 현재)

구분 지역	제정 연도	보조 개시	보조기간	보조방법	보조 금액 최고액	비고
일본	1911년	영업 개시일	연도를 정하지 않음.	건설비의 4%, 수익이 나면 이를 공제	예산 범위 내	1921 · 1935년 : 건설비 5%로 인상
조선	1921년	영업 개시일	15년. 필요에 따라서 10년 연장	건설비의 5%, 수익이 나면 이를 공제	예산 범위 내	1914 · 1916 : 투자비 6% 보조 1917년 : 투자비 7% 보조 1918년 : 투자비 8% 보조 (조선철도12년계획선에 적용) 1934년 : 건설비 6% 1940년 : 건설비 5%
홋카이도	1920년	영업 개시일	15년. 필요에 따라서 5년 연장	건설비의 6% 보조, 7%까지 용인	예산 범위 내	
대만	1921년	영업 개시일	15년. 필요에 따라서 5년 연장	건설비의 6% 이익을 초과하면 공제	80만 엔	

자료 조선총독부 철도국(1940), 《朝鮮鉄道四十年略史》, pp.471-472

〈표 22〉 사설철도의 변화

시기	외부상황	관련법	특징	보조금
1910년 경편철도시대	대륙 진출	조선경편 철도령 (1912년)	협궤철도	투자액 6%(1914) 투자액 7%(1918) 투자액 8%(1919)
1920년 제1기 사설철도 붐	제1차 대전 이후 호황	조선 사설철도 보조법 (1921년)	보조율 향상 보조연한 연장	투자액 8%(1921) 보조연한 10년

1920년 후반 사설철도 국유화시대	조선철도12년 계획	조선철도 12년계획 (1927)	사설철도의 합병	투자액 8%
1930년 제2기 사설철도 붐	일본 자본 유입 만주사변	만주사변 (1931), 만주국(1932)	간선 연결, 지역개발, 산업 개발 사설철도 증가	투자액 8% 보조기간 15년 건설비 6%(1934)
1940년 전시	제2차 세계대전	철도군사 사령에 관한 칙령(1942)	국유화 및 전쟁수행을 위한 사설철도	건설비 5%

3. 사설철도의 특징

1) 보조금에 의한 사설철도 운영

조선 내의 사설철도는 일본 국내의 사설철도에 비해 극히 안정된 투자로 정부의 절대적인 보호와 보조를 받는 조건부 기업이었다. 일제 하 사설철도는 1914년 이후 사설철도의 보조금 제도를 시작하여 일본 자국 내 자본의 유치에 힘써왔으나 자국 내 시장의 한계로 발전이 미미하였다. 제1차 세계대전 이후 일본 경제력의 급진적 향상에 따라 일본 자본가의 한국 진출이 현저하게 증가하였으며, 특히 철도에 많은 자본이 투입되어 1919년에 노선연장 2,102.4km, 7개의 회사가 신설되었다. 일본의 사설철도 보조제도가 좀더 적극적으로 한국에 적용되었다고 할 수 있다. 투자비 보조의 경우도 일본 5%에 비해 조선에서는 6%에서 8%가 적용되었다. 보조 이유는 사설철도의 경우 단거리를 운행하였고, 경제적으로 타산이 나지 않는 지역을 운행하여 수익성이 낮았기 때문이다. 1916년과 1917년을 비교해 보면 가장 수익성이

높은 부산지역을 운행한 조선와사전기주식회사도 국유철도 수입에 못 미치
는 수준이었다. 사설철도의 보조금을 보면 1921년 조선사설철도보조법 제정
이후 보조금이 정기적으로 지급되었다. 이처럼 사설철도에 대한 보조가 높은
이유는 국유철도에 비해 사설철도의 수입이 낮기 때문이다.

〈표 23〉 사설철도 보조금 성적표(단위 : 천엔)

구분	예산액	이월액	계	결산액	후년도의 이월액
1915	–	–	–	12	–
1916	–	–	–	39	–
1917	–	–	–	48	–
1918	–	–	–	127	–
1919	–	–	–	214	–
1920	–	–	–	695	–
1921	1,565	–	1,565	1,346	219
1922	2,500	219	2,219	1,838	881
1923	2,550	881	3,431	2,252	679
1924	2,830	679	2,509	3,258	251
1925	4,000	251	4,251	3,891	360
1926	4,300	360	4,660	3,891	769
1927	4,300	769	5,069	4,124	945
1928	4,400	945	5,245	4,390	–
1929	4,300	856	5,156	5,059	–
1930	4,600	97	4,697	4,697	–
1931	5,000	–	5,000	5,000	–
1932	5,000	–	5,000	5,000	–
1933	5,000	–	5,000	5,000	–
1934	5,000	–	5,000	5,000	–
1935	4,850	–	4,850	4,850	–
1936	4,380	–	4,380	4,032	–

철도가 그린 동아시아 풍경

| 1937 | 4,100 | 348 | 4,448 | 3,300 | — |
| 1938 | 4,100 | 1,147 | 5,247 | 3,011 | — |

자료 조선총독부 철도국(1940), 《조선철도 40년 약사》, p.590

〈표 24〉 국유철도와 사설철도의 수입 비교(단위 : 1마일당 수입)

구분	1916년	1917년
국유철도	22.81	30.30
조선와사전기주식회사 (부산진~동래~부산 시내)	20.09	22.36
전북경편철도주식회사(이리~전주)	9.94	13.19
함흥탄광철도주식회사(함흥~서호진)	8.45	11.03
개천경편철도주식회사(신안주~개천)	7.53	7.25
조선중앙철도주식회사(함흥~장풍리)	—	18.19

자료 선교회(1986), 《조선교통사》, p.600, p.801

여객 운임을 비교해 보면 다음과 같다. 1936년 기준으로 국유철도와 사설
철도를 비교해 보면 여객 1인 · 1km당 2등 운임은 국유철도가 약간 싸고, 1
등 운임은 큰 차이를 보이고 있지 않아 운임면에서는 차이를 보이지 않고 있
어 수입면에서 부족한 것을 보조액으로 메운 것을 알 수 있다.

〈표 25〉 국유철도와 사설철도의 여객 운임비교(1936년 기준)

회사명	2등 운임 (여객 1인 · 1km당, 전리)	1등 운임 (여객 1인 · 1km당, 전리)
국유철도	2.8	4.4
조선철도 (충북선, 경북선, 황해선, 함남선, 함북선)	3.1	4.3

금강산전기철도	3.1	4.7
조선경남철도	3.1	4.9
조선경동철도	3.1	—
신흥철도	3.1	—

자료 선교회(1986), 《조선교통사》, p.587, p.862

2) 높은 외부자본비율

사설철도를 보면 대표적인 사설철도는 조선철도주식회사, 조선경남철도
주식회사, 신흥철도주식회사, 조선경동철도주식회사, 평북철도주식회사 등
이 시장을 주도하였다. 보조금이 지불되는 사설철도의 경우 자기자본보다는
타인자본의 비율이 높았다. 외부자본이 1940년의 경우 65%를 보였다. 이는
일본 정부 혹은 식산은행 등 국책은행의 융자 등으로 이를 조달하여 국가 의
존형 혹은 국책사업수행을 위한 사설철도의 성격이 짙다고 하겠다.

〈표 26〉 사설철도의 부설면허선 및 자본금 표(1940년)

회사명	소재지	면허선(km)			자본금 또는 건설비(천엔)	불입 자본 차입 및 사채(천엔)
		개업	미개업	계		
조선철도 주식회사	경성	558.2	183.9	742.1	자본 54,500	불입 17,650 사채 16,200 차입 10,800
조선 경남철도 주식회사	천안	214.0	46.0	260.0	자본 10,000	불입 9,750 사채 11,000
금강산 전기 철도 주식회사	철원	116.6	—	116.6	자본 12,000	불입 7,800 사채 6,000

조선 경동철도 주식회사	수원	125.4	16.0	141.4	자본 5,000	불입 2,800 차입 3,645
신흥철도 주식회사	흥남	153.6	—	153.6	자본 2,000	불입 1,520 차입 8,810
조선 평안철도 주식회사	경성	34.7	—	34.7	자본 2,500	불입 1,000 차입 2,000
서선 중앙철도 주식회사	경성	38.1	87.5	125.6	자본 15,000	불입 6,000 차입 2,170
경춘철도 주식회사	경성	93.5	—	93.5	자본 10,000	불입 2,000 차입 12,270
단풍철도 주식회사	하지천	80.3	—	80.3	자본 5,000	불입 5,000 차입 4,815
평북철도 주식회사	경성	124.1	—	124.1	자본 10,000	불입 10,000 차입 13,588
다사도 철도 주식회사	신의주	39.5	18.0	57.5	자본 3,000	불입 1,500, 차입 6,081
이상 보조 철도 계	—	1,578.0	351.4	1,929.4	자본 129,000	불입 54,770 사채 33,100 차입 67,518
남만주 철도 주식회사	대련	15.2	—	15.2	건설비 13,124	건설비 13,124
남선 합동전기 주식회사	경성	9.5	—	9.5	건설비 1,944	건설비 1,944
동만주 철도 주식회사	훈춘	1.2	—	1.2	자본 (10,000)	불입 (7,500)
신흥철도 주식회사	흥남	18.5	—	18.5	전기	전기

회사명	위치					
삼척철도 주식회사	경성	—	41.7	41.7	자본 5,000	불입 5,000 차입 6,450
부산 임항철도 주식회사	부산	—	5.5	5.5	자본 1,000	불입 600
조선 석탄공업 주식회사	아오지	5.9	—	5.9	건설비 380	건설비 380
북선 척식철도 주식회사	경성	—	60.6	60.6	자본 20,000	불입 2,000, 차입 11,939
이상 비보조 철도 계	—	50.3	107.8	138.1	건설비 15,448 자본 26,000	건설비 15,447, 불입 7,600 차입 5,450
합계	—	1,628.3	459.2	2,086.5	자본 155,000 건설비 15,448	불입 62,370, 사채 33,100 차입 72,968, 계 168,438 건설비 15,448, 총계 181,886
군산 부영철도	군산	1.0	—	1.0	건설비 41	건설비 41
천내리 철도 주식회사	천내리	4.4	—	4.4	자본 200	불입 200, 차입 80
인천 부영철도	인천	2.2	—	2.2	건설비 120	건설비 120
이상 국가에 있어서 차상 영업중 계		7.6	—	7.6	건설 161 자본 200	불입 200, 차입 112 건설비 161

자료 조선총독부 철도국(1940), 《조선철도 40년 약사》, pp.591-593

3) 사설철도 감독

사설철도의 직접 감독은 조선총독부 철도국 감독과장이 담당하였다. 감독과장은 철도국장 유고시의 업무를 대행하는 직위이다. 감독과의 업무는 1920년 제정된 조선사설철도령 외 일련의 감독법규의 정비개폐, 사설철도회사 경영, 경리의 확립 등을 위해 사설철도 철도회사 경리준칙의 제정, 사설철도 철도회사 운임의 인가, 기타 영업상의 재인가, 사설철도 운전보안상의 인허가 감독, 사설철도 철도회사 공사상의 인가 및 실사검사, 사설철도회사의 회계 및 재산의 실황 검사, 조선재단저당령에 의한 저당권의 설정 및 등록 사무, 사업철도회사에 대한 정부보조금의 교부, 공익상 필요한 매수를 하는 사설철도의 선정 등 폭 넓게 지도 감독하였다.

당시의 회고록을 통해 보면 조선의 사설철도의 업무는 일본에 비해 역사가 짧고 사례가 많지 않아 일본 철도성 감독국에 많이 의지하였다. 예를 들면 사설철도 매수에 대해 조선사설철도령이 준용하는 지방철도법 제31조 이하의 규정인데 실제로 적용에는 의문이 있어 철도성에서 발간한 책자나 출장을 통해 문의해서 업무를 수행하였다.[18]

〈표 27〉은 역대 조선총독부 철도감독과 과장들을 나타낸 것이다. 주로 법과를 졸업한 문과계의 관료가 담당한 것을 알 수 있다.

------

18) 선교회, 《조선교통회고록(행정)》, 1981년, p.34

<표 27> 조선총독부 철도국 사설철도 감독관료

이름	직책	경력	조선 부임연도 및 특징
和田駿 와다 가이 * (1대)	감독과장	1909년 도쿄제국대학 법과 졸업 검사, 1909년 통감부 철도국 1911년 조선철도국	1909년
澤崎修 사와자키 오사무 (2대)	감독과장	1914년 도쿄제국대학 법과 졸업, 고등문관시험 합격	1916년, 1917년부터 1년 반 해외출장(사설철도 등 연구) 역대과장 중 가장 오래 감독과장 업무 수행
林茂樹 하야시 시게키 (3대)	경리과장 (감독과장 겸무)	1912년 교토제국대학 법과 졸업, 고등문관시험 합격, 탁지부 사무 관, 전매국 제조과장	1912년, 해외출장
澤崎修 사와자키 오사무 (4대)	감독과장	1914년 도쿄제국대학 법과 졸업, 고등문관시험 합격	1916년, 1917년부터 1년 반 해외출장(사설철도 등 연구) 역대과장 중 가장 오래 감독과장 업무 수행
萩原三郎 하기와라 사부로 (5대)	감독과장	1919년 교토제국대학 졸업 후 만철 입사, 용산역장	1925년 3년 해외유학 1939년 조선운송 사장
西崎鶴司 니시자키 쓰루지 * (6대)	감독과장 (이사)	1920년 도쿄제국대학 법학부, 졸 업, 고등문관시험 합격, 1936년 총독부 이재과장	1920년
澤慶次郎 사와 케이지로 (7대)	감리과장 (부국장)	1917년 도쿄제국대학 졸업, 고등 문관시험 합격, 효고현 군장 1921년 조선 부임, 관방관리과장	1921년
神谷小一 가미야 고이치 * (8대)	감독과장		
大和田福徳 오와다 후쿠토쿠 (9대)	감독과장	1925년 도쿄상과대학 졸업 고등문관 시험 합격 후, 조선 부임	1925년 1928년 구주 유학
田中保太郎 다나카 호타로 (10대)	감독과장	1925년 교토제국대학 졸업, 고등문관시험 합격	1925년 1년 4개월 구주 유학 1943년 교통부 이사 12년

斎藤岩藏 사이토 이와조 * (11대)	감독과장		

* 자료에는 이름 발음이 기록되어 있지 않아 한글 표기는 정확하지 않을 수 있음.

자료 《日本人物情報大系(朝鮮編)》, 皓星社, 1999년

　사설철도와 관련해서 조선철도관료들은 사설철도에 대해 적극적인 입장을 가지고 있었다. 그러나 1923년 관동대지진의 후유증으로 일본 정부의 긴축재정 체제에 들어서자 사설철도회사는 신노선 건설자금조달에 어려움을 겪게 되었다. 이에 총독부 주도하에 주요 사설철도의 회사합병이 추진되었다. 총 6개 회사가 참여하여 조선중앙철도를 존속회사로 지정한 뒤 합병, 조선철도주식회사가 탄생하였다.

　유게 고타로(弓削幸太郎, 1921. 2. 12~1925. 3. 31, 관방철도부장 재직) 철도부장은 사설철도의 발전적 합병에 적극적인 입장을 가지고 대자본의 사설철도회사를 만드는 것이 경제상뿐만 아니라 정책상으로 유리하다고 주장하였다.[19]

　1930년대 조선에 있어 정책도 경제개발정책을 추진하고 있어 이와 같은 맥락을 같이하였다고 할 수 있다. 이는 우가키 총독의 정책과 관련이 있다.

4) 운영

　국내 개발과 관련 있는 사실로는 지선의 경우는 거의 사설철도로 운영되었

....

19) 〈每日新聞〉, 1922년 1월 23일

는데 사설철도의 비중이 1935년에 24%에서 1945년에 21%로 그 비중이 어느 정도 유지되고 있었다는 것을 알 수 있다. 주요한 노선은 충북선(조치원~충주), 경남철도주식회사(천안~장항), 평북선(정주~압록강) 등이었다.

<표 28> 일제강점기의 조선 내 사설철도의 비중

연도	조선철도(국유철도)	사설철도	합계
1910년	1,086.1km	9.3km	1,095.4km(1)
1916년	1,715.4km	79.9km	1,795.3km(1.6)
1924년	2,092.3km	613.5km	2,705.8km(2.5)
1935년	3,389.5km	1,091.9km	4,481.4km(4.1)
1940년	4,293.5km	1,749.2km	6,042.5km(5.5)
1944년	5,005.4km	1,368.4km	6,373.8km(5.8)
1945년	5,038.3km	1,368.4km	6,406.7km(5.8)

자료 선교회(1986), 《조선교통사》, p.8

사설철도 철도의 수송량의 변화를 보면 1914년에 여객 3만 명 정도와 화물 4,968톤을 수송하였는데 이는 1943년 크게 증가하여 각각 3,101만 명, 770만 톤을 수송하였다.

한편 국유철도의 경우는 1911년에 여객 242만 명, 화물 108톤, 1943년 여객 1.28억 명, 화물 2,754만 톤을 수송하였다. 1943년을 비교해 보면 사설철도는 국유철도의 여객 24%, 화물 28%를 수송하여 1944년의 사설철도의 영업거리 28%를 보면 거의 비례하지만 사설철도의 경우 약간 화물의 성격이 강한 것을 알 수 있다.

연도	여객인원(인)	화물톤수(톤)	비고
1914	30,338(1)	4,968(1)	1912년 경편철도보조령
1915	128,960	26,411	
1920	1,236,097	35,285	
1921	1,295,941	298,609	1921년 조선사설철도보조법
1925	3,437,884	709,428	
1926	4,027,819	924,921	
1930	2,710,627	964,145	사설철도합병 (1927)
1935	6,720,986	2,028,290	
1939	17,195,000	4,334,000	
1940	23,519,000	7,280,000	
1943	31,013,000(1,022)	7,702,000(1,550)	

자료 선교회(1986), 《조선교통사》, pp.801-802

이중 주요한 사철인 '조선철도주식회사'는 1924년 9월 1일 자본금 7,200만 엔으로 설립되었다. 조선철도주식회사는 6개 사설철도회사의 합병으로 이루어졌다. 운영노선은 충북선, 경남선, 경북선, 황해선, 함남선, 함북선으로 면허거리는 855마일이었다.

그 후 면허거리는 1,191마일로 확대되었다. 그러나 1927년 '조선철도12년계획'에 의해 노선 중 전남선, 경동선, 도문철도선, 경남선이 국유화되었다.

1936년 현재는 충북선(조치원~충주) 94km, 경북선(김천~예천) 85.3km, 황해선(사리원~동해주) 130.9km, 함남선(함흥~함남신흥) 56.6km, 함북선(고무산~무산) 60.1km로 전체 426.9km가 운영되고 있었다. 1936년 당시 주요 임원을 보면 거의 조선총독부 철도국 출신이 많은 것을 알 수 있다.

〈표 30〉 조선철도주식회사 임원(1936년 현재)

이름	직책	경력	조선 부임연도 및 특징
大川平三郎 오카와 헤이자부로	사장	실업가, 일본의 제지왕, 오가와 재벌 1928년 귀족원 의원	
新田留次郎 닛타 도메지로	전무	1897년 도쿄제국대학 공과 졸업 1904년 철도작업국 입사 1906년 통감부 철도관리국 기사 1917년 조선총독부 철도국 공무과장 1927년 조선철도주식회사	1906년 이시카와(石川)현 출신, 해외출장
長谷川大郎吉 하세가와 다이로키치 *	이사		
東条正平 도조 쇼헤이	상무 이사	1899년 중앙대학 졸업 1909년 사업차 조선 입국 1921년 조선중앙철도주식회사 감사역 1923년 조선철도주식회사 임원	1909년 가가와(香川) 현 출신
野田董吉 노다 주키치	이사, 지배인	1905년 호세이대학 졸업, 일본 철도성 근무 1920년 조선산림주식회사 입사 1923년 조선철도주식회사 경리과장	
筒井憲次郎 쓰쓰이 켄지로	서무 과장	1913년 고치현립중학 졸업 1917년 고베스스키상점 입사 1920년 남조선철도주식회사 입사 1923년 조선철도주식회사	고치(高知)현 출신
近藤銑太郎 곤도 센타로	공무 과장	1903년 철도학교 고등건축과 졸업 1903년 경부철도주식회사 입사, 조선총독 부 철도국 기사 1930년 조선철도주식회사 입사	1903년 니이가타(新潟)현 출신
佐藤寧治 사토 네이지 *	경리 과장	1911년 와세다대학 상과 졸업 1913년 조선총독부 철도국 1921년 서선식산철도주식회사 입사 1923년 조선철도주식회사	1913년 나가사키(長崎)현 출신
佐藤義正 사토 요시마사	기차 과장	1903년 구라마에공고 졸업(도쿄 소재) 철도작업국 입사, 임시군용철도감부원 조선총독부 철도국 1928년 평양운수사무소장	1904년 돗토리(鳥取)현 출신

* 자료에는 이름 발음이 기록되어 있지 않아 한글 표기는 정확하지 않을 수 있음.

자료 森尾人志, 《朝鮮の鉄道陣営》, 1936년, pp.253-257

철도가 그린 동아시아 풍경

다른 사철회사인 '조선경남철도주식회사'는 1919년 9월 30일 사설철도면
허를 받았는데, 구간은 천안을 기점으로 군산과 안성까지를 영업구간으로 면
허거리는 136.7마일이었으며 표준궤구간이었다. 이 회사는 서해안과 동해안
을 연결하는 동서횡단철도를 계획한 회사로 해산물과 농산물 수송을 주로 계
획되었다. 경남철도의 1936년 현황을 보면 조선총독부 철도국 근무경력과
철도경력이 있는 인원이 대부분이었다.

〈표 31〉 조선경남철도주식회사 임원(1936년 현재)

이름	직책	경력	조선 부임연도 및 특징
國澤新兵衛 구니자와 신베	회장	제국대학 공과대학 토목과, 철도기사로 서 규슈철도 입사, 1893년 체신청 철도국 1906년 만철 이사 1917년 만철 이사장 1926년 제국철도협회 회장, 1928년 경남철도주식회사 회장	1937년 일본통운 사장
藤川利三郞 후지카와 리사부로	부사장	도쿄대학 법학부 졸업, 고등문관시험 합 격, 대장성 주세국, 조선 경상북도 지사	
澤崎修 사와자키 오사무	전무 이사	1914년 도쿄제국대학 법과 졸업, 고등문 관시험 합격, 조선총독부 감독과장 업무 수행 1918년 서무과장 퇴직 후 1921년 경남철도주식회사	1916년, 1917년부터 1년 반 해외출장(사설철도 등 연구) 역대과장 중 가장 오래 감독 과장 업무 수행
寺田金司 데라다 긴지	지배인 겸 서무 과장 주임 기술자	1905년 사립공옥사공학교 졸업, 철도성 입사 1905년 경부철도주식회사 입사 1913년 조선총독부 철도국 기수 임명 1933년 조선총독부 철도국 기술계장 1935년 경남철도주식회사	1905년 고향은 후쿠이(福井)현
岡本立己 오카모토 다쓰이 *	영업 과장	1907년 임시군용철도부 간부 조선총독부 철도부 근무, 철도국 서기 1927년 경남철도주식회사	1907년 고향은 시가(滋賀)현

徳田桃吉 오쿠다 도키치	경리 과장	1891년 육군교도단 보병과 졸업 1907년 탁지부 주사, 조선총독부 경리과 1926년 조선총독부 서기 1935년 경남철도주식회사	고향은 가고시마(鹿児島)현
植木七之助 우에기 시치노스케	차무 소장	1919년 요네자와 고등공업기계과 졸업, 만철 입사 1921년 만철 대련 철도사무소 근무 1926년 경남철도주식회사	고향은 이바라키(茨城)현
土居通雄 도이 미치오	공무 소장	1914년 사립공옥사공학교 졸업 그후 도쿄시청 근무 1921년 경남철도주식회사	고향은 시나가와(品川)현
島村久兵衞 시마무라 규베	자동차 소장	1922년 도쿄상고 졸업, 스미토모은행 입사 1927년 경남철도주식회사(도쿄지사 입사)	고향은 사이타마(埼玉)현

* 자료에는 이름 발음이 기록되어 있지 않아 한글 표기는 정확하지 않을 수 있음.

자료 森尾人志, 《朝鮮の鉄道陣営》, 1936년, pp.261-265

5) 기능

사설철도의 노선 분포를 보면 거의 간선을 보조하는 노선 혹은 산업개발지역과 일치하고 있다. 아울러 수송품의 경우도 화물이 여객보다 많고 이를 항만 등으로 연결하는 노선이 많았다. 대표적인 노선이 삼척철도주식회사 등이다. 주로 북쪽의 경우는 자원개발 형이고 남쪽의 경우는 농산물수송과 여객수송을 겸한 노선이 많이 있었다. 특이하게 금강산전기철도주식회사의 경우는 관광기능이 강하였다.

사설철도의 기능을 보면 여객수송에서는 통근·통학(조선와사전기주식회사), 간선수송과 연결(전북철도주식회사), 관광기능(금강산전기철도주식회사), 석탄수송(함흥석탄주식회사), 마그네트 자원개발(단풍철도주식회사) 등이었다.

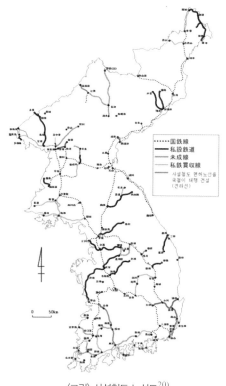

〈그림〉 사설철도 노선도[20]

한편 조선철도주식회사는 온천호텔, 창고, 버스사업을 함께 경영하였고, 경남철도주식회사는 버스사업과 온양온천을 부대사업으로 운영하였다. 경부선과 장항선이 분기되는 천안역의 경우는 1905년에 경부선 개통으로 역이 생겼고, 그 후 경남철도주식회사에서 장항선(당시 충남선)과 경기선(천안~안성~장호원)까지를 연결하면서 활성화되었다. 특히 인근의 온양온천은 철도가 개통되면서 온천휴양지로 개발되었는데 1927년 사설철도인 경남철

....

20) 도도로키 히로시, 이용상 공저, 《한국 철도의 역사와 발전 II》, 북갤러리, 2013년, pp.57

도주식회사에서 온천을 매수하여 신정관을 개업하였고 대유원지를 조성하는 계획으로 추진하였다. 당시 경성에서 온양까지 직행열차가 운행되었고 철도 회사에서 운영하였던 관중 약 4,000명의 야구장도 온양에 있었다.

금강산전기철도주식회사는 전력전등사업, 신흥철도주식회사는 수력전기 발전의 자재운반, 경춘철도주식회사는 버스와 화물차 사업, 백화점, 종합운 동장 운영 등의 다각적인 사업을 전개하였다.

<표 32> 사설철도의 기능(1940년 현재 기준)

사설철도회사	주요 구간	기능
조선철도 주식회사	1923년 6개 사설철도회사 합병 그 후 국유화 되고 황해선(협궤)과 충북선(표준궤) 운영	여객, 화물, 버스(전국 노선의 60%), 창고, 온천호텔, 자동차판매 사업 등도 함께 경영
조선경남철도 주식회사	장항 · 천안 · 장호원	여객, 화물, 버스, 온양온천
금강산전기철도 주식회사	본사는 철원, 경성에 출장소 철원 · 금강산	여객, 화물, 화천수력발전, 전등전 력사업, 관광사업(직통열차도 운영)
신흥철도 주식회사	함남 신흥	동양 최대의 수력발전의 자재 운반 기능
조선경동철도 주식회사	수원 · 이천 · 여주 수원 · 인천	여객, 화물, 화물자동차 사업
남만주철도주식회사 (웅라선)	웅기항 · 나진항	여객, 화물, 만주와 연결
조선평안철도주식회사	진남포 · 용강온천	여객, 화물
서선중앙철도주식회사	평양석탄선 송호리	여객, 화물(석탄운송)
경춘철도주식회사	성동역 · 춘천	여객, 화물, 택지경영, 종합운동장 경영, 버스사업, 백화점(동대문)
단풍철도주식회사	함경도 단풍	화물(마그네트 개발)
조선석탄공업 주식회사	함경도 아오지	석탄운반

철도가 그린 동아시아 풍경

평북철도주식회사	평북 일원	화물(농산물, 임산물), 여객과 화물 자동차사업
다사도철도주식회사	신의주 · 다사도	화물수송
북선식산철도주식회사	무산지역	무산철광개발
삼척철도주식회사	삼척	무연탄개발, 묵호항을 이용해 일본으로 반출
부산임항철도주식회사	부산진역 · 부산항	화물

자료 조선총독부 철도국(1940),《조선철도 40년 약사》, pp.481-489

4. 맺는 말

이 장에서는 일제강점기 조선의 사설철도의 변화과정과 특징을 살펴보았다. 조선 내에서의 사설철도는 조선 내에서의 간선철도를 보조하는 역할을 하는 국책사업 성격의 사설철도의 역할이 컸다.

변화과정을 보면 관련법의 개정에 의해 보조율이 증가하였고 일본의 철도 정책에 따라 좌우되는 양상을 보였다. 특히 1920년 철도건설 붐의 영향을 받았고 1927년 이후에는 조선철도12년계획에 의한 국유화, 1930년대 중반에는 산업화 관련 사설철도가 증가하였다.

사설철도의 특징은 일본 본토보다 보조금이 높았으며, 외부자본의존형의 자본조달과 관련 임원의 경우도 조선철도국 출신이 많았다. 이러한 사실을 근거로 조선 내의 사설철도는 국책사업과 연관이 높은 철도회사였다고 할 수 있다. 아울러 사설철도의 성격상 다양한 부대사업을 운영하여 한편으로는 사설철도 본래의 기능도 가지고 있는 2중적인 성격의 철도라고 할 수 있다.

제6장

전북경편철도 주식회사와
조선경남철도 주식회사

제6장

전북경편철도주식회사와
조선경남철도주식회사

1. 전북경편철도주식회사의 특징

근대에 들어 철도는 새로운 문명의 이기이며 산업을 발전시키는 도구였다. 또한 우리나라에서는 일본의 제국주의 수단으로 활용되었다.

당시 익산을 지나는 철도로 사철인 '전북경편철도주식회사'가 있었다. 이 철도는 우리나라 최초의 경편사설철도였다. 1927년 국유화 이전까지 당시 이리와 전주 간에 운영되었고 수익성이 매우 높았다.

정거장은 이리~동이리~대장~삼례~덕진~전주였다. 만경강과 비옥한 평야를 지났으며 군산으로 쌀을 수출하는 목적으로 만들어진 철도였다. 당시 전북경편철도의 상황을 기술한 《조선교통사》의 내용을 요약해 보면 다음과 같다.

전북경편철도는 고다 나오유키(甲田直行) 이하 28명이 발기(發起)하여 1912년 5월 자본금 12만 엔으로 국철 호남선 이리역에서 전라북도 도청소 재지 전주까지 그리고 도중에 만경강변 반월리(오늘날 춘포역 부근)에서 분 기하여 부용(芙蓉)역까지 이르는 길이 30km, 궤간 0.914mm, 인력(人力) 철도를 설계하였으나, 동력 측면에서 시대를 쫓아가지 못한다는 이유로 허가 를 받지 못했다.

그래서 급히 계획을 변경하여 이리~전주 구간 25km, 궤간 762mm, 증 기 철도로 같은 해 9월 신청을 하여 다음해 1913년 1월 9일 허가를 받았다. 회사 설립 준비를 하여 조선회사령에 따라 같은 해 4월 10일 허가를 받았다. 그리고 바로 주식 인수공모를 하여 제1회 불입으로 제반 준비를 하고 1914 년 2월 22일 전주에서 창립총회를 열어 자본금 30만 엔의 주식회사 설립을 마쳤다. 임원 7명, 감사 3명을 선출하고 다케다 간지로(竹田寬二郞)[21]가 전 무 겸 지사장에 취임하였다.

1914년 3월 17일에는 이 철도의 공사시행 인가를 얻어 부설 허가 조건 으로 공사에 착수하게 되었는데, 같은 해 5월 10일 전주에서 기공식을 올 리고 공사를 진행하였다. 같은 해 10월 30일에는 선로의 토공 및 모든 건 조물의 공사를 완성하고, 같은 해 11월 17일부터 우선 여객만 가영업을 개시하고, 이어 12월 1일부터 화물 영업을 개시하였다. 다음해 1915년 1 월 15일부터 여객화물의 본격적인 영업을 개시하였다. 공사로 이리~전

---

21) 다케다 간지로(竹田寬二郞)는 1861년 3월 12일생으로 도쿄 출신이다. 1884년 이후로, 철 도국 철도청 근무, 지쿠호(築豊)철도회사 근무, 오사카(大阪)기차제조회사 봉직함. 이후 조 선으로 건너와, 경인철도합자회사와 경부철도주식회사 회사원이 됨. 통감부 철도국으로 옮김. 이후 사직하고 전북경편철도주식회사 상무이사로 재직(출처는 《신사명감》, P.224, 국사편찬위원회 한국사데이터베이스 한국근현대인물 자료)

주 구간을 24.9km, 궤간 762mm, 곡선 반경 5쇄(鎖), 가장 급한 구배(勾配, 경사 정도)는 1/75, 레일중량은 11kg/m로 하고, 공사비는 9만 5백엔이 조금 넘었다.

운수영업에 관한 일본 철도영업법 및 철도운수규정 중에 경편(輕便)철도에 적용되는 각 조항에 준거하고, 또한 운수규정의 보충을 위해 회사 광고를 통해 이 지방 특수 사정을 참작하여 '전북경편철도운송규정'을 제정하였다.

이 철도는 이리역에서 호남선 국철과 연결되므로 여객화물 접속상 이리역을 국철 및 사설철도의 공동 역으로 하도록 하고, 일본의 철도와 같이 모든 규칙 및 취급방법을 정하였는데, 공동 역은 조선의 국철 및 사설철도에서 최초였다.

이어 1914년 11월 17일부터 운수영업을 하게 되면서 국철과 이 철도 모든 선 각각의 역 상호간의 여객 수, 소하물 및 화물의 연대운수(連帶運輸)를 개시하게 되어 철도국과 회사 사이에 계약을 체결하고 그 기간을 1915년 11월까지로 하였다. 계약기간 전에 당사자 일반으로부터 해약 통지가 없는 경우에는, 다시 1년간을 계속하여 효력을 가지는 것으로 하였다.

열차운전에 대해서는 경편철도 및 궤도의 건설운수에 관한 규정(1912년 정부령 제29호)에 준거하는 등 별도로 열차운전 신호취급수칙을 제정하였다.

이 철도는 조선에서 사설철도로서 국가 보조를 받은 최초의 철도회사였다. 개업한 1914년부터 1916년 상반기까지는 소정의 보조를 매년 받았는데, 같은 해 하반기부터 이익금 비율이 보조율을 넘게 되면서 보조는 중지되었다.

1916년 자료를 보면 1일 1마일 영업수입이 9엔 94전으로 개통 초기보다

2원 32전이 증가하였다.[22] 1918년 상반기의 경우 그 해 총 수입이 47,699엔이었고 9,624엔의 이익을 기록하였다.[23]

그러나 1920년은 업무 실적이 악화되어 다시 보조를 받게 되었는데 그 후에는 실적이 회복되어 보조를 받는 일이 없게 되었다. 다른 많은 사설철도가 처음부터 끝까지 계속해서 국가보조에 기대고 있었던 것에 비해 특이한 경우였다.

이 철도가 탄생하게 된 계기는 같은 지방에 대농장을 경영하던 미쓰비시(三菱)계열의 동산(東山)농장이 곡식을 출하할 시기에 국철 호남선까지 수송하는 데 어려움이 있었던 것에 배경이 있었다.

실제 동산농장이 1926년부터 전북경편철도의 46%의 주주를 소유하고 있었다.[24] 또한 철도를 부설하면 정부로부터 상당한 보조금을 지급받게 된다는 생각 하에 이 농장이 주력이 되어 계획하게 된 것이었다.

이 철도는 이후, 조선 국유철도 12년 계획으로 1927년 10월 1일 국가에 매수되어 국철 전라선의 일부로, 표준궤로 개축되었다.

수송량과 관련하여 〈표 33〉과 〈표 34〉를 보면 개통 초기 여객인원이 30,338명에서 1926년에 460,490명으로 증가하였고 화물의 경우도 4,968톤에서 81,482톤으로 각각 15배, 16배가 증가하였다.

··························

22) 〈경성일보〉, 1917. 9. 1.

23) 〈중외상업신문〉, 1919. 8. 16.

24) 矢島佳, '植民地朝鮮における国有鉄道12箇年計画', 《歷史と経済》, 206, 2010년 1월, 7-8쪽

철도 명	연도	연도 말 영업거리 (마일)	여객인원 (명)	소하물 수량 (근)	화물수량 (톤)	운수수입 객차 (엔)	운수수입 화차 (엔)	운수수입 계 (엔)
전북 경편철도 주식회사	1914	15.5	30,338	15,300	4,968	10,184	4,293	14,477
	1915	15.5	109,512	40,882	21,474	35,804	14,442	50,246
	1916	15.5	108,844	52,031	20,649	34,277	14,508	48,785
	1917	15.5	156,140	72,700	29,212	53,496	20,377	73,873
	1918	15.5	270,738	127,292	38,329	86,749	27,387	114,136

자료 선교회, 《조선교통사》, 삼신사, 1986, 자료집

특히 호남선 연계운송과 사설철도가 활성화된 1919년 이후 1마일당 운수
수입은 30엔을 넘어 흑자를 기록, 정부로부터 보조금을 받지 않고 영업을 지
속할 수 있었다.

철도 명	연도	연도 말 영업거리 (마일)	여객인원 (명)	화물톤수 (톤)	운수 수입 객차 (엔)	운수 수입 화차 (엔)	운수 수입 계 (엔)	1일 1마일 평균 운수수입 (엔)
전북 철도	1919	15.5	394,778	43,216	132,186	42,902	175,088	31.06
	1920	〃	377,995	38,088	152,355	49,450	201,805	35.67
	1921	〃	375,364	55,814	161,409	74,211	235,620	41.67
	1922	〃	398,181	51,625	175,334	90,963	266,297	47.10
	1923	〃	424,873	64,738	172,589	84,296	256,885	45.46
	1924	〃	408,000	57,730	152,951	82,222	235,173	41.62
	1925	〃	452,746	73,154	165,922	103,437	269,359	47.91
	1926	〃	460,490	81,482	170,718	117,836	288,554	51.32
	1927	〃	237,158	41,509	81,846	58,884	140,730	49.85

자료 선교회, 《조선교통사》, 삼신사, 1986, 자료집

전북철도의 경영실적을 구체적으로 보면 1914년에서 1916년까지 정부로부터 보조금을 받았으나 1916년 이후 경영상태가 호전되어 거의 보조금을 수령하지 않을 정도로 경영상태가 양호하였다.

〈표 35〉 전북철도주식회사의 경영상태(1)

회사명	회사회계 연도기별	평균 자본금 (엔)	수입 (엔)	지출 (엔)	공제 이익 (엔)	보조금 (엔)	평균 자본에 대한 비율		비고
							이익금 (할분리)	보조금 (할분리)	
전북 철도 주식 회사	1914년 상반기	—	862	—	862	3,375	—	—	전북경편 철도주식 회사를 개칭 하였음.
	1914년 하반기	—	16,625	15,558	1,066	3,565	—	—	
	1915년 상반기	—	23,464	21,507	1,957	4,830	—	—	
	1915년 하반기	—	27,321	20,079	7,242	955	—	—	
	1916년 상반기	—	19,113	18,532	581	8,386	—	—	
	1916년 하반기	—	30,198	16,803	13,395	—	—	—	
	1917년 상반기	—	31,958	20,016	11,941	—	—	—	
	1917년 하반기	—	42,434	27,054	15,380	—	—	—	
	1918년 상반기	151,000	47,699	38,075	9,624	2,883	064	019	
	1918년 하반기	150,000	67,375	46,109	21,266	—	142	—	
	1919년 상반기	150,000	78,460	56,691	21,769	—	145	—	
	1919년 하반기	170,000	97,758	82,863	14,895	—	088	—	
	1920년 상반기	217,034	91,533	92,695	△1,162	17,363	△005	080	
	1921년 하반기	256,493	112,796	109,245	3,551	17,146	014	067	

자료 선교회, 《조선교통사》, 삼신사, 1986, 자료집

1916년 이후에는 보조금 없이 운영될 정도로 이익을 내는 철도였다.

회사명	회사회계 연도기별	평균 자본금 (엔)	수입 (엔)	지출 (엔)	공제 이익 (엔)	보조금 (엔)	평균 자본에 대한 비율		비고
							이익금 (할분리)	보조금 (할분리)	
전북철도주식회사	1921년 상반기	254,301	103,811	92,034	11,777	10,33	044	040	1921년 하반기 이후는 이익률이 보조율을 초과 하므로 보조가 없음.
	1921년 하반기	267,500	134,562	104,164	30,398	3	114	—	
	1922년 상반기	267,500	130,053	103,471	26,582	—	099	—	
	1922년 하반기	267,500	139,278	107,273	32,005	—	120	—	
	1923년 상반기	257,588	124,956	97,575	27,381	—	106	—	
	1923년 하반기	255,403	136,587	107,352	29,235	—	114	—	
	1924년 상반기	255,403	112,691	88,504	24,187	—	095	—	
	1924년 하반기	254,281	127,164	95,544	31,620	—	024	—	
	1925년 상반기	253,108	112,446	84,539	27,907	—	110	—	
	1925년 하반기	251,880	164,177	110,129	54,048	—	215	—	

자료 선교회,《조선교통사》, 삼신사, 1986, 자료집

경영성적을 요약해 보면 개업 이래 실적이 순조롭게 향상되어 여객과 화물 모두 크게 증가하여 차량 증설 외에 시설 개선의 필요로, 1920년 3월에 자본금 60만 엔을 증자하였다. 불입금액도 45만 엔으로, 차입금을 5만 4천엔으로 증액하여 자금의 충실을 기하였다.

그 후 1926년 12월 1일 현재 기준으로 차입금은 11만 8천엔이 되었다. 이러한 경영상태를 기반으로 1923년에 있었던 조선총독부의 사설철도합동에 반대하였다.[25]

1925년 12월 1일 기록에는 사명(社名)이 전북철도주식회사로 되어 있는

....

25) 〈매일신보〉, 1923. 3. 13. 4면

데, 1920년 11월 '조선사설철도령'이 시행되어 종래의 '조선경편철도령'은 폐
지되고 법규상 경편철도의 명칭이 없어져서 이름이 변경된 것이다. 언제 변
경되었는지에 대한 정확한 기록은 없다.[26]

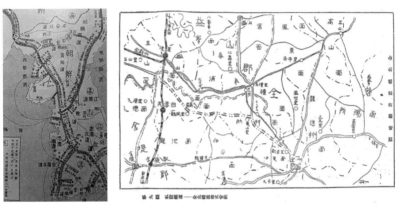

1915~1920년 전북경편철도역(이리~동이리~대장~삼례~동산~덕진~전주)

　당시 주요 역은 전주, 삼례였는데 전주역은 13,514평, 삼례역은 2,053평
규모였다. 기관차는 6량, 객차 14량, 화차 53량으로 화차가 많았다. 각 역에
는 관사가 있었다. 당시 운임은 여객 1인 1마일당 4전, 특등은 8전, 화물은
차급의 경우 1톤 1마일당 8전, 소화물은 백근 1마일에 1전이었다.[27]

....
26) 선교회, 《조선교통사》, 삼신사, 1986, 264쪽
27) 남만주철도주식회사, 《조선의 사설철도》, 1925, 178쪽

철도가 그린 동아시아 풍경

2. 조선경남철도주식회사

장항선의 역사와 장항의 발전을 조명하는 데 있어 역사적으로 장항선의 시작을 이해해야 한다. 장항선은 사설철도로 조선경남철도주식회사(이하 경남철도)로 출발하였다. 이 장에서는 장항선의 역사를 조명함에 있어 당시 철도 상황을 이해하고 그 연장선상에서 장항의 위상을 살펴보고자 한다. 역사적인 발전과정을 통해 장항을 이해하며 현재와 미래를 전망해 보고자 한다.

철도와 함께한 장항 변화의 대략적인 흐름을 보면 다음과 같다. 1928년에 경남철도 정거장이 장항리로 결정되었고, 1929년 간척지공사가 시작되었다. 1931년 8월에 경남철도가 개통되었고, 1932년 장항항이 개항하였다. 1936년 6월 장항제련소가 점화되었고, 1938년 장항이 읍으로 승격하였다.

해방 이후 1945년 장항제련소 운영이 정지하였고, 1955년 철도국유화정책에 의해 장항선으로 개명되었다. 1957년 이승만 대통령이 장항을 방문하였고, 1961년 박정희 의장이 방문하였다. 1962년 한국광업제련공사가 재가동하였고, 1979년 1월 제련소 굴뚝을 재건축하였다. 1989년 이후 장항은 쇠퇴기를 겪게 되는데 1989년 장항제련소가 폐쇄되고, 1993년 금강하구둑이 완성되었다. 2009년 11월 장항과 군산 간의 도선이 정지되었고, 2010년에 장항선의 여객수송이 정지되었다.

사설철도(이하 사철)의 역사는 초기 우리나라 철도 부설에서부터 시작된다. 경인선과 경부선도 처음에는 사설철도로 건설되었다. 1906년 철도국유화정책에 의해 국유철도로 변화하였다. 그 후 조선 내에서는 재정 부족 등의 이유로 사철이 건설되었으며 수익성이 높지 않아 정부 보조금으로 운영되는 사례가 많았다. 해방 직전의 한반도 내의 철도 연장은 6,419km였는데, 그중 사철이 1,380.7km로 21.5%를 차지하고 있었다. 사철은 1920년 이후 활발하게 계속 건설되었지만 국유화정책에 의해 많은 철도가 매각되어 국유철도로 편입되었다.

1927년 전북철도주식회사(이리~전주)의 24.9km를 시작으로 1945년 8월 서선중앙철도주식회사(황해도 간리~장산리 10.6km)까지 총 1,125.3km가 국유화되었다.[28]

여기서는 사철의 일반적인 특징을 보다 구체적으로 파악하기 위해 구체적인 노선연구를 진행하였다. 일제강점기의 사철 중에서 중부내륙과 해안을 연결하는 경남철도를 중점적으로 분석하였다.

경남철도는 사철 건설 초기부터 해방까지 계속적으로 운영된 사철이었으며, 200km 이상의 운영노선과 호텔, 자동차 사업 등을 함께 운영하였다. 그리고 경부선과 연결되는 간선과 연결되는 특징이 있었고 장항까지 연결되었다.

허우긍 교수의 연구에 의하면 일제강점기 사철의 노선과 역별 수송량 연구에 대해 잘 알 수 있다. 경남철도 운영 노선 중 장항선(천안~장항)의 역별 분석을 보면 1930년 여객수송은 온양온천, 천안, 예산 그리고 1937년에는 온양온천, 예산, 천안 순이었다.

화물의 경우는 1920년에 예산, 천안, 온양온천 순이었으나 1937년에 장항, 예산, 온양온천 순으로 변하였다. 이를 통해 여객은 온양온천역이 많았고, 화물은 천안에서 장항 중심으로 변화한 것을 알 수 있다.[29]

한편 경기선(천안~장호원)의 경우는 1930년에 안성, 장호원, 죽산에서 1937년에는 안성, 천안, 입장 순으로 안성역의 취급양이 많은 것을 알 수 있

....

28) 선교회(1986), 《조선교통사》, 삼신사, p.92

29) 허우긍(2010), 《일제강점기의 철도수송》, 서울대학교 출판문화원, p.179

다.[30] 1925년의 자료이지만 장항선의 경우 평균 이동거리가 여객의 경우 19km, 화물의 경우는 40.1km로 근거리 수송위주였다는 것을 알 수 있다.[31]

사설철도의 성격에 대한 증언을 보면 조선의 사설철도는 보조금이 일본보다 높아 투자가치가 있었던 것으로 평가하고 있다.[32]

....

30) 상게서, p.22

31) 상게서, p.97

32) 조선의 사설철도는 다이쇼(大正) 3년, 1914년입니다. 이익금에 대해 보조하고자 했습니다. 철도사업은 매우 많은 자금을 필요로 합니다. 그 자금을 고정하는 것입니다. 위험을 포함하고 있기에 6부까지의 배당을 보증하고자 했습니다. 이익금은 국가에서 보장한다고, 그리고 국가의 예산에 편성하여 지출한 것입니다. 이렇게 하면 그다지 조선의 철도가 성장하지 않고 사철이 성장하지 못하기에 다이쇼 7년(1918)에는 이를 7부까지 높였고, 다이쇼 8년(1919)에는 이익금 보조를 8부까지 늘렸습니다. 정확히 제1차 세계대전 후의 일입니다. 일본 내지는 물론 조선 내에서도 자금이 있었습니다. 그 자금을 투자하는 데 매우 견실하고 8부 배당 보증 사업이었기에 일시에 사설철도가 늘어난 것입니다. 그 후 이익금 보조를 건설비 보조로 변경하였습니다. 이는 쇼와 15년(1940)에 건설비 보조에 관하여 연 5부 상당액을 보조하는 것입니다. 건설비 1천만 엔이라면 연액 50만 엔을 보조하는 것입니다. 물론 이익금이 높아지면 그만큼 줄어듭니다. 그리고 국가의 예산을 편성한 것은 연액 500만 엔의 보조라는 것이 오랫동안 이어졌습니다만, 마지막에는 650만 엔 정도의 연액 보조를 했습니다. 이렇게 하여 최종적으로 사설철도는 15개 정도의 회사, 16선 정도였습니다. 그래서 지금까지 말씀드렸던 철도는, 여기서 점선으로 나타낸 것이 사설철도입니다. 패전 당시의 사설철도입니다만, 경부선의 대전에서 조금 더 간 조치원에서 충주로 나가는 충북선입니다. 이는 조선철도주식회사의 철도입니다. 그리고 조치원 위에 천안이라고 하는 곳이 있습니다만, 글자가 보이지 않는데 천안입니다. 그리고 위로 장호원으로 가는 것이, 쭉 왼쪽으로 꺾어 군산까지 가지 않는, 군산을 마주보고 장항이라고 하는 곳이 있습니다만, 장항까지 가는 경남철도주식회사 그리고 그 위에 수원, 여주입니다. 그리고 인천으로 나가는, 이 역시 조선철도주식회사. 그 외 이 점선은 사설철도입니다. 여기 점선이 아닌 실선으로 표시된 것도 사설철도로서 부설된 것이 국가에 매수되어 국유철도가 된 것이 많이 있습니다. 예를 들어 금천에서 경북 안동으로 향하는 조선철도주식회사의 경북선이라고 했습니다만……. 출처는 学習院大学 東洋文化研究所(2014), '朝鮮鉄道について', 《東洋文化研究》, 東京:学習院大学 東洋文化研究所. 16 : p.156

1) 조선경남철도주식회사의 현황 및 특징

(1) 사업현황

경남철도는 1920년 2월 설립되었다. 영업종목은 철도 및 자동차에 의한 운수 및 창고업, 온천경영, 연락선 사업(장항~군산)이었다. 자본금 1,000만 원에, 증자로 불입금 1,000만 원이었다. 자본금은 1,000만 원이었지만 판교 ~장항 간의 공사 등을 위해 1,000만 원을 증자하였다. 700만 원을 조선식 산은행으로부터 차입하였고, 300만 원은 일반주주로부터 공모하였다.[33]

철도는 1920년 12월에 착공, 순차적으로 개통하여 1931년 1월에 전체를 완공하였다. 온천은 1926년 10월에 온천주식회사를 매수하여 부대사업으로 직영하였다. 도선사업은 1930년 10월, 자동차 사업은 1931년 1월에 시작하였다.[34]

경남철도의 노선은 크게 두 개로 나눌 수 있다. 그 중 충남선(144.2km)은 천안~온양온천~선장~신례원~예산~홍성~광천~대천~남포~판교~서천~장항 간 노선이다.

이 노선의 건설은 1921년 12월 천안~온양온천을 시작으로 1931년에 천안~장항 간 노선이 개통되었다. 장항까지 연결되어 충청도와 전라북도 군산이 바로 연결되어 농수산물의 수송이 활발하게 되었다. 장항에서 군산까지는 배로 약 15분 거리에 있었다.

또 하나의 노선은 경기선으로 천안~안성~죽산~여주~장호원으로, 천안~장호원(69.8km) 간 노선이 1927년 9월에 개통되었다. 이 노선이 광천~

....

33) 〈동아일보〉, 1930년 11월 6일
34) 〈동아일보〉, 1939년 10월

장항 간 노선보다 먼저 건설된 데에는 안성철도기성회의 노력으로, 1925년 에 안성~장호원과 안성~여주 간 노선의 부설허가를 받았기 때문이었다.[35]

당시 기록을 보면 노선 계획은 3기로 나누어 진행될 예정이었다. 1기는 천 안~예산, 2기는 홍성~군산, 3기는 천안~장호원~여주~원주~강릉까지 로 예정되어 충남선이 경기선보다 우선 개통예정이었다.[36]

안성철도기성회는 1923년부터 연맹대회를 개최하고 경기도와 조선총독부 철도국에 속성건설을 건의하여 승낙을 받아냈다. 또한 경남철도주식회사에 노선 건설을 위해 적극적인 용지기부의 노력도 하였다.[37]

〈표 37〉 경남철도주식회사 주요 연혁

연도	주요 연혁
1920년 3월 29일	조선중부철도, 경남철도로 상호 변경(노선 허가는 1919년 9월 30일)
1921년 12월 중순	천안~온양온천 간 16km 개통 표준궤도
1922년 6월 1일	천안~예산 간 41.6km 열차운수 영업, 조선선과 연대운수 개시
1922년 6월 15일	천안~예산 간 개통 축하식(예산역 광장)
1923년 11월	예산~홍성 간 21.9km 개통 영업 개시
1923년 12월 1일	홍성~광천 간 12.6km 개통 운수영업 개시
1925년 7월 4일	천안~안성 간 28.5km 안성선 개통
1926년 10월 16일	온양온천 매수(신정관), 신정호 유원지 운영
1927년 4월 16일	안성~죽산 간 18.4km 개통
1927년 7월 26일	충주를 기점으로 여주, 장호원, 이천 간 화물자동차 경영
1927년 9월 중순	죽산~장호원 간 18.4km 개통

....

35) 안성철도기성회 관련은 〈동아일보〉 1921년 5월 12일, 안성~여주 간 철도 부설은 〈동아 일보〉 1925년 9월 17일

36) 〈동아일보〉, 1922년 6월 24일

37) 〈동아일보〉, 1923년 5월 19일

1928년 4월 24일	선장~합덕 간 지선계획 중
1929년 4월 21일	온양온천 약 4,000여 평 야구장 준공, 경남철도 유일 야구장 개장식
1929년 11월 1일	광천~대천 간 20.2km 개통
1930년 8월 29일	보령 석대도해수욕장 경영. 현 무창포해수욕장
1930년 10월 25일	천안~남포 간 100.1km 운전영업
1930년 11월 1일	장항~판교 간 20.3km 개통
1931년 8월 1일	남포~판교 간 24.3km 개통
1931년 8월 1일	충남선 전통(천안·장항), 경기선, 경남선 군산 잔교까지 214km 개통
1937년 7월	장호원에서 원주까지 46km 면허 취득 후 공사 착공

자료 〈매일신보〉

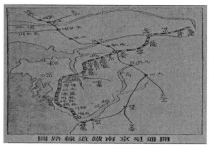

자료 〈매일신보〉, 1931년 8월 2일

완공된 경남철도 노선도

(2) 노선 주변 현황

천안에서 동쪽으로 가면 직산이 나온다. 직산의 금광은 매우 유명하였다. 이 금광은 1900년에 조선이 일본에 제공한 것으로 당시 영국에는 수안(遂安), 미국에는 운산(雲山), 독일에는 선천(宣擅), 프랑스에는 창성(昌城)의 금광, 이탈리아에는 후창(厚昌)의 동산(銅山)을 제공했다. 그 후 이 광산은 1911년 미국에 의해 이전되어 주로 사금 채취가 이루어졌다. 그러나 생산액이 점차 감소하여 결국 1927년 5월에 작업을 중지했다. 직산 금광광구 일부를 계승하여 산금 채굴을 한 것이 중앙광산이다. 1926년 그 사업을 개시하여 계속해서 상당한 실적을 올리고 있어 장래가 유망한 편이다. 광구는 직산의 동쪽 양대(良岱)에 본거지를 두고 충북에 걸쳐 그 면적은 1,539헥타르, 노두(露頭) 연장은 12km에 이른다.

천안에서 서쪽으로 14.7km, 30분 정도 가면 온양온천에 도착한다. 이곳은 예로부터 유명한 온천으로 조선 태조를 비롯하여 자주 국왕들이 입욕했다는 기록이 있다. 양질의 알칼리수로 라듐이 함유되어 있다. 경남철도가 경영하는 신정관(神井舘)은 온천여관으로서 완벽한 설비를 갖추고 있다. 경성에서 직행열차가 있어 당일 코스도 가능해 입욕하기에는 더할 나위 없는 곳이다.

역의 북동쪽 4km 지점에 있는 백암리에는 임진왜란 때 자주 일본군을 궁지에 몰아넣었던 수군의 명장 이순신의 묘가 있다. 청일전쟁으로 유명해진 아산(牙山)은 북쪽 10km 지점에 있다. 상해에는 홍종우의 독살로 쓰러진 지사 김옥균의 분묘가 있다. 청일전쟁에서 청군의 상륙지점으로 알려졌던 백석포(白石浦)는 이 해안에 있다

계속해서 서쪽으로 26km 정도 가면 예산에 도착한다. 삽교천, 무한천, 곡교천이 만들어 내는 홍문평야가 있어 쌀의 생산이 많고 또 공주, 청양, 논산, 서산의 각 군과 함께 연초재배가 활발하다. 예산 잎은 유명하다. 읍에는 충남 제지회사 공장과 농업학교가 있다.

삽교는 당진, 서산 등으로 가는 교통의 요지이며, 홍성 부근은 양질의 쌀로 유명하다. 보령 부근은 소위 보령금광지이다. 천북면에 있는 만리금산(滿里金山)은 채굴을 중단했지만 빙도(氷島)에는 보령금산이 채굴을 계속하고 있다. 동쪽은 청양을 중심으로 청양금광지가 있으며, 구봉산(九峰山)의 금광은 주목할 만하다.

보령의 서쪽에 있는 오천(鰲川)항은 쌀 출하기에 군산, 인천으로의 수송이 성황을 이루어 범선의 출입이 많다. 대천, 남포는 어항이다. 근해의 어업은

조류를 이용해 아귀그물조업을 주로 하며, 조기와 민어, 갈치 등의 어획도 많다. 천수만을 안고 있는 안면도(安眠島)는 섬 전체가 적송(赤松)의 순림(純林)으로 덮여 있어 본도에서는 보기 드문 아름다운 숲이다.

서천군 한산(韓山)을 중심으로 하는 서천, 부여, 보령, 청양의 4개 군은 예로부터 모시의 명산지이다. 한산모시는 널리 알려져 경성에서는 소위 양반이 아니면 입을 수 없을 정도로 양질의 것이었다. 근래에는 인조 마 등에 눌리어 많이 유통되지 않아 안타깝다.

서천을 중심으로 하는 평야에 관개하는 서천 수리조합은 몽리(蒙利) 면적 3,490헥타르에 이르며 본도의 으뜸이다.

군산의 대안(對岸)에 있는 장항은 금강의 하구에 자리하고 있어 앞으로 경남철도가 완전히 개통될 즈음이면 연안의 풍부한 물자 출입항으로서 절호의 위치를 차지하게 될 것이다. 경남철도회사는 이곳에 항만시설을 만들 예정이며 군산과의 연락선도 생길 것이다. 시설이 완성되면 군산의 자매 항으로서 또 인천의 경쟁 항으로서 서로 그 배후지를 놓고 쟁탈전을 벌이고 있다[38] 등을 당시의 기록에서 확인할 수 있다.

(3) 주주 현황

경남철도주식회사의 주주 현황을 보면 대주주는 거의 없고 소액주주가 많았다. 이는 이사회 내의 갈등의 소지가 많았고 큰 결정이나 면허선의 건설 등의 추진 등에도 어려움이 있었다. 이러한 이유로 해서 당시 사설철도 합동에도 주주들의 의지가 반영되어 참여하지 않았다.[39]

....

38) 《일본 지리 풍속 대계》, 1928년, 신조사. 충남편 참조하여 작성
39) 〈동아일보〉, 1923년 5월 17일

항목	내용
자본금	10,000천원
주식 총수	200,000주
주주 수	1,790명
중 일본인 소유 주식 수	147,738
중 일본인 소유주식 비율	73.9%
중 일본인 주주 수	1,400명
중 일본인 주주 수 비율	77.7%
사채	6,500천원
차입금	4,000천원

자료 선교회 자료집, '제64회 제국회의와 조선사설철도', p.32

노선의 변화를 보면 경기선의 경우 주요한 목적은 주변의 생산물인 쌀을 천안으로 수송하는 목적으로 이용되었다. 정차 역은 안성~죽산~매산(간이역)~장호원으로, 죽산의 경우 당시 5일장이 열릴 정도였고 안성보다 더 큰 규모였다.

천안~안성 구간은 1925년 개통되었는데 초기 연도에도 여객이 8만 명, 화물은 18,615톤이 수송되어 이는 당시 금강산전철(철원~금성, 1925년 여객 5만 명, 화물 18,615톤)에 비해 많고, 열차운행은 1일 여객과 화물이 정기적으로 왕복 4회가 운행되어 당시 충북선(조치원~청주)과 비슷한 운행실적을 가지고 있을 정도로 번성하였다.[40]

당시 자료에 의하면 죽산역의 기공식에는 수만 명이 모였으며 용인과 진천, 음성 등 10개 면의 쌀을 죽산역을 통해 수출하였다. 장항의 경우도 길산

....
40) 선교회(1986), 《조선교통사》, 삼신사, p.796

등지의 충남미가 일본으로 반출되었다.

(4) 수송 현황

열차 다이아 현황을 보면 1940년의 경우는 천안~장항이 7왕복(그중 1왕복은 경성까지 운행), 천안~장호원이 3왕복이었다. 1942년의 열차 다이아 개정 시에도 크게 변하지 않았다. 1942년 11월 운행 현황을 보면 천안~장항이 6왕복, 천안~장호원이 3왕복하였다.

〈표 39〉 경남철도주식회사 열차운행 현황(1942년 11월)

	천안 · 장항	천안 · 장호원(경기선)
열차운행 횟수	6왕복	3왕복
영업거리	144.2km	60.8km
소요시간	5시간 5분	2시간 30분
운임	2등 : 11원, 3등 : 5원 80전	2원 80전

자료 '열차시각표(1942년 11월)', 동아여행사 발행

경남철도의 수입구조를 보면 여객과 화물에서 1934년 이전까지는 화물이 많다가 1934년 이후에는 여객의 수입이 더 많았다. 이는 1931년 전 구간이 개통되면서 철도수송구조가 여객 위주로 바뀐 것을 알 수 있다.

〈표 40〉 경남철도주식회사 현황

연도	영업 km	여객인원 (명)	화물톤수 (톤)	수입			1일 1km 평균 수입 (엔)
				객차(엔)	화차(엔)	계(엔)	
1922	25.2	97,934	54,606	69,876	57,975	127,851	22.16
1923	46.8	194,353	81,807	141,197	101,678	242,875	22.65

철도가 그린 동아시아 풍경

1924	46.8	255,641	34,759	186,073	84,216	270,289	16.08
1925	64.5	259,800	70,793	189,136	127,579	316,733	17.25
1926	64.5	338,844	86,428	231,815	183,696	415,511	18.38
1927	90.2	396,652	119,373	272,313	545,026	817,339	19.38
1928	90.2	420,251	123,040	307,843	325,385	633,228	19.74
1929	105.6	436,021	114,574	304,894	293,894	598,788	18.15
1930	117.5	398,591	108,998	253,041	273,577	526,618	13.69
1931	213.3	418,267	125,275	259,946	302,448	575,461	7.83
1932	213.3	438,794	104,298	277,939	264,764	564,729	7.23
1933	214.0	539,862	136,573	326,204	356,583	708,139	9.90
1934	214.0	719,021	148,852	422,384	378,486	815,875	9.37
1935	214.0	863,032	158,849	509,576	420,374	952,778	12.20
1936	214.0	916,361	169,437	542,345	428,362	1,003,746	12.82
1937	214.0	966,330	200,581	578,707	519,688	1,147,288	14.69
1938	214.0	1,120,818	295,445	719,997	572,880	1,351,830	17.31
1939	214.0	1,343,069	240,790	888,377	538,082	1,511,852	19.36
1940	214.0	1,659,156	192,086	1,145,104	506,340	1,749,438	22.34
1941	214.0	1,739,954	277,467	1,243,786	744,219	2,068,699	26.48
1942	214.0	1,668,782	340,258	1,685,505	960,658	2,755,171	35.27
1943	214.0	2,147,737	288,242	2,234,112	881,195	3,265,017	41.80

자료 선교회(1985), 《조선교통사 자료집》, 삼신사, pp.143-149

(5) 조직 및 임원

경남철도의 1936년 현재 조직은 본사에 서무과, 영업과, 경리과를 두고, 도쿄지사, 차무소장, 공무소장, 자동차사업소장, 신정관주임을 두고 있다.

〈표 41〉 경남철도주식회사의 조직(1936년 현재)

	본사	지사
조직	서무과, 영업과, 경리과	도쿄지사, 차무소장, 공무소장, 자동차소장, 신정 관주임

자료 森尾人志(1936),《朝鮮の鉄道陣営》, p.260

발기인은 오야 곤페이(大屋權平, 1861년~1924년)였다. 조선철도 2대 책임자로 근무한 오야 곤페이는 야마구치(山口)현 출신으로 1883년 도쿄제국대학 이학부를 졸업하고 1885년 철도국 기사가 되었다. 그는 나고야 철도작업국 출장소장, 철도작업국 공무부장을 역임하였다. 러시아 전쟁전야인 1903년 경성~부산 간의 경부철도주식회사의 기사장이 되었다. 통감부 철도관리국장을 거쳐 1909년에는 철도원 기사 겸 한국철도관리국장, 1910년에는 조선철도국장으로 취임하였다. 경부선과 호남선의 간선 건설에 힘을 기울였다. 조선철도의 거물을 발기인으로 영입한 것은 경남철도의 비중을 알 수 있는 대목이기도 하다.

〈표 42〉 오야 곤페이의 이력

연도	내용
1883년	도쿄제국대학 이학부 졸업
1885년	철도국 기사
1903년	경부철도주식회사 공장장
1906년 6월	통감부 철도관리국장
1909년	철도원기감 겸 한국철도관리국장
1910년	조선총독부 철도국장
1916년 9월 · 12월(중앙공론)	철도국 오직 사건(중앙공론에서 미즈노 귀족원 의원의 비판)

1917년	일본 귀국
1920년	조선경남철도주식회사 발기인
1923년 4월	사망

출처 일본도서센터(2002), 《朝鮮人名資料事典第4권》, p.19

그는 통감부 철도관리국장 시절 지리적으로 한국 부산이 대련보다 편리성이 있어 경원선과 원산~평양 간의 철도건설이 보다 이익이 된다고 주장하고 안봉선에 의한 대륙과 구주까지의 연결을 주장하였다.[41] 또한 1909년 경원선과 호남선 건설을 주장했다.[42] 조선철도의 장래에 대해서는 대륙과의 종관선 이외에 산업발전을 위해 철도건설을 역설했다. 1914년 당시 인구 1만 인당 철도거리를 보면 일본이 1.29마일, 대만이 1.54마일, 구주는 4.70마일, 미국은 27.10마일에 비해 조선은 0.66마일이라고 확장을 주장하였다.[43] 조선의 철도는 다른 나라에 비해 철도영업거리가 적고, 인구도 희박하고, 산업의 발전도 늦어서 철도를 부설해도 효과가 당장 나타나지 않을 것이다. 조선의 경우 열악하다고 하면서도 민간에 의한 철도 투자, 특히 경편철도 투자 등을 역설하였다. 오야에 대한 평가는 관료적이며 부하를 질책하는 경우가 많았고, 술도 매우 강하였다. 최고 수준의 철도기술전문가로 추진력이 있었다.

한편 당시의 임원을 보면 조선총독부 철도국과도 매우 깊은 관계인 것을 알 수 있다. 예를 들면 구니사와 신베이(國澤新兵衞) 회장은 만철(원래는 남만주철도주식회사) 출신이었으며 전무이사, 지배인 등 주요 임원이 조선총

....

41) 大屋權平, '朝鮮鉄道に就いて', 《経済評論8(19)》, 1908년 11월, pp.17~18

42) 大屋權平, '朝鮮鉄道談', 《経済評論9(16)》, 1909년 9월, pp.11~12

43) 大屋權平, '朝鮮鉄道の将来', 《朝鮮彙報》, 1915년 5월, pp.13~15

독부 철도국 출신이었다. 특히 조선총독부에서 최고의 사철전문가라고 할 수 있는 사와사키 오사무(澤崎修)가 경남철도주식회사에 근무했다는 사실은 조선총독부 철도국과 경남철도주식회사와의 밀접한 관계를 상징적으로 보여주고 있는 사례이다.

〈표 43〉 경남철도주식회사 임원(1936년 현재)

이름	직책	경력	조선 부임 연도 및 특징
國澤新兵衞 구니자와 신베	회장	제국대학 공과대학 토목과, 철도기사로서 규슈철도 입사, 1893년 체신청 철도국 1906년 만철 이사 1917년 만철 이사장 1926년 제국철도협회 회장 1928년 경남철도주식회사 회장	1937년 일본통운 사장
藤川利三郎 후지카와 리사부로	부사장	도쿄대학 법학부 졸업, 고등문관시험 합격, 대장성 주세국, 조선 경상북도 지사	
澤崎修 사와자키 오사무	전무 이사	1914년 도쿄제국대학 법과 졸업, 고등문관시험 합격, 조선총독부 감독과장 1918년 서무과장 퇴직 후 1921년 경남철도주식회사	1916년, 1917년부터 1년 반 해외출장(사설철도 등 연구) 역대과장 중 가장 오래 감독과장 업무 수행
寺田金司 데라다 긴지	지배인 겸 서무과장 주임기술자	1905년 사립공옥사공학교 졸업, 철도성 입사 1905년 경부철도주식회사 입사 1913년 조선총독부 철도국 기수 임명 1933년 조선총독부 철도국 기술계장 1935년 경남철도주식회사 지배인 서무과장	1905년 고향은 후쿠이현

철도가 그린 동아시아 풍경

岡本立己 오카모토 다쓰이 *	영업과장	1907년 임시군용철도부 간부 조선총독부 철도부 근무, 철도국 서기 1927년 경남철도주식회사	1907년 고향은 시가현
德田桃吉 도쿠다 도키치	경리과장	1891년 육군 교도단 보병과 졸업 1907년 탁지부 주사, 조선총독부 경리과 1926년 조선총독부 서기 1935년 경남철도주식회사	고향은 가고시마현
植木七之助 우에키 시치노스케	차무소장	1919년 고메자와 고등공업기계과 졸업, 만철 입사 1921년 만철 대련 철도사무소 근무 1926년 경남철도주식회사	고향은 이바라키현
土居通雄 도이 미치오	공무소장	1914년 사립공옥사공학교 졸업, 그후 도쿄시청 근무 1921년 경남철도주식회사	고향은 시나가와현
島村久兵衞 시마무라 규베	자동차소장	1922년 도쿄상고 졸업, 스미토모 은행 입사, 1927년 경남철도주식 회사(도쿄지사 입사)	고향은 사이타마현

* 자료에는 이름 발음이 기록되어 있지 않아 한글 표기는 정확하지 않을 수 있음.

자료 森尾人志(1936년),《朝鮮の鉄道陣営》, pp.261~265

(6) 경남철도주식회사의 특징

① 단거리여객과 수소화물 위주의 수송

경남철도회사의 여객은 단거리 위주의 수송이었다. 화물수송의 경우 주요한 것으로는 장호원의 쌀, 직산의 사금 등이 있었는데 주로 소화물이나 차급으로 수송되었다. 당시 안성 주변의 고지, 미양역에는 농산물이 풍부하였고, 죽산역에는 일본으로 수출되는 미곡이 많았다.[44]

....

44) 〈동아일보〉, 1934년 1월 3일

	여객인원(명)	수소화물(톤)	화물(톤)		
			소구급 (차급 이하)	차급	택급
1932년	438,794	508,396	12,792	90,720	-
1939년	1,343,069	1,266,660	39,073	201,058	659
1942년	1,668,783	1,724,555	35,142	304,543	573

1925년 장항선의 여객과 화물 이동거리를 보면 여객이 19km, 화물이 40.1km로 단거리 수송이 많았다. 환승과 환적 비율이 높은 것은 장항선의 경우 큰 중심도시가 없어 지역 내 수송이 적다고 할 수 있다.

〈표 45〉 장항선의 여객과 화물 이동거리(1925년)

거리(km)	장항선 합계		천안역 출발·도착		온양온천역 출발·도착	
	여객(%)	화물(%)	여객(%)	화물(%)	여객(%)	화물(%)
20km 미만	52.1	10.7	52.6	15.5	56.2	12.3
20~40km	15.3	16.7	15.0	31.5	14.3	16.1
40~60km	6.1	4.4	21.2	40.4	3.2	0.6
60~80km	3.0	1.4	11.2	12.6	1.0	0.3
환승, 환적	23.6	66.8	-	-	25.3	70.7
합계	244,543명	56,289톤	55,970명	5,855톤	58,116명	7,801톤
평균 이동거리(환승, 환적 제외)	19.0km	40.1km	27.3km	38.4km	23.0km	20.6km

자료 허우긍(2010),《일제강점기의 철도수송》, 서울대학교 출판문화원, p.97

② 높지 않은 수익성

경남철도주식회사는 1932년 11월 10일 국유철도의 매수선으로 개천선,

함북선과 함께 내정되었다. 당시 조선총독부 철도국의 매수선 내정의 배경은 사철에 대한 운임 인하와 통제 강화를 목적으로 하고 있었다. 당시 국유철도 에의 매수는 조선철도, 경남철도, 금강산 3개 선도 추진되었는데, 1934년 당 시의 임률을 비교해 보면 여객과 화물에서 사철이 높아 국유화를 통해 운임 인하를 통한 산업활성화가 급선무였다.

〈표 46〉 사철과 국철의 운임 비교(1934년)

분류	국유철도	조선철도	경남철도	금강산철도
여객(1인 · km)	1전29	3전10	3전10	3전10
화물(1톤 · km)	1전50	5전24	3전47	3전77

자료 〈동아일보〉, 1934년 1월 14일

사철매수에 대한 구체적인 내용을 보면 조선총독부는 개천, 함북, 경남철 도(혹은 금강산철도) 등 3선의 매수에 2,600만 원의 예산을 계산하였다. 개 천철도 30km, 함북선의 고무산~무산 60km, 1933년 보조기간이 만료되는 경남철도와 금강산철도 등 두 선로 중 하나를 매수하는 계획으로 1935년까 지 이를 완료하는 것으로 추진되었다.[45] 당시 조선총독부는 가능한 사철을 국유화하려고 하였다. 그 이유는 경남철도가 금강산철도에 비해 경영상태가 좋지 않았기 때문에 보조금이 더 많이 나가서 이를 줄이기 위해서라도 국유 화하는 편이 좋았다. 1932년 말 자료에 의하면 경남철도주식회사는 차입금 이 자본금의 40%로 금강산철도주식회사 10%에 비해 높았다.[46]

....

45) 〈동아일보〉, 1932년 11월 10일
46) 선교회 자료집(1985), '제64회 제국회의와 조선사설철도', p.32

그러나 결국 국유철도에 매수되지 않은 것은 일본 정부의 대장성 보조금으로 유지하는 정책에 의해 매수가 추진되지 않았다.

〈표 47〉을 보면 경남철도는 영업수익이 다른 사철보다 높지 않았다.

〈표 47〉 회사별 영업수입(단위 : 엔)

	조선철도	경남철도	금강산전기철도	조선경동	신흥철도	평북철도
1926년 하반기	197,488	30,053	69,552	2,288		-
1930년 하반기	226,958	2,437	9,815	1,518	25,277	340
1935년 하반기	654,767	34,738	72,061	17,928	30,150	- 6,283

자료 선교회(1985), 《조선교통사 자료집》, 삼신사, pp.141-150

③ 보조금에 의한 운영

경남철도는 수익이 나는 회사이기는 했지만 이익을 배당할 만큼은 되지 않아 국가로부터 보조금을 받아서 운영하였다. 초기인 1921년에서 1935년까지를 보면 평균 자본에 대한 수익률이, 특히 1925년에서 1935년경까지는 1% 미만으로 경영이 어려웠고 보조금으로 운영되고 있었다는 사실을 알 수 있다.

<표 48> 조선경남철도주식회사의 보조금(1)

연도		평균 자본액(엔)	수입(엔)	지출(엔)	수익(엔)	보조금(엔)	평균 자본금에 대한 비율	
							수입 (할분리)	보조금 (할분리)
1921년	상	1,416,667	76,766	—	76,766	42,965	054	030
	하	1,500,000	62,593	—	62,593	63,666	042	042
1925년	상	4,097,534	188,543	123,924	64,619	272,876	016	066
	하	4,264,384	205,661	163,180	42,481	305,042	010	072
1930년	상	8,521,741	270,910	267,144	3,766	629,790	—	074
	하	8,563,918	300,742	298,305	2,437	677,209	—	076
1935년	상	10,034,695	569,279	549,712	19,567	611,568	002	061
	하	9,761,305	524,255	489,517	34,738	487,606	004	050

1936년에서 1940년의 경우를 보면 건설비에 대한 수익은 2% 미만으로, 나머지는 보조금으로 충당하였다는 사실을 알 수 있다.

<표 49> 조선경남철도주식회사의 보조금(2)

연도		기말 건설비(엔)	수입(엔)	지출(엔)	수익(엔)	보조금 (엔)	환산 건설비에 대한 비율	
							수입 (할분리)	보조금 (할분리)
1936년	상	19,674,059	532,224	480,726	51,498	484,364	005	049
	하	19,571,701	507,615	458,510	49,105	491,937	005	050
1940년	상	19,662,476	857,530	693,723	163,807	484,472	017	049
	하	19,677,290	907,895	731,924	175,971	432,675	018	044

자료 선교회(1985), 《조선교통사 자료집》, 삼신사, pp.141~150

1941년에서 1943년의 경우는 건설비에 대한 수입이 향상되어 1943년에 5% 수준으로 향상되었다.

<표 50> 조선경남철도주식회사의 보조금(3)

연도		기말 건설비 (엔)	환산 건설비 (엔)	수입(엔)	지출(엔)	수익	보조금	환산 건설비에 대한 비율	
								수입 (할분리)	보조금 (할분리)
1941년	상	19,690,958	9,764,557	1,017,352	805,139	212,213	384,272	022	039
	하	19,713,504	9,937,766	1,051,347	826,127	225,220	382,307	023	038
1942년	상	19,713,896	9,775,932	1,392,261	942,082	450,179	158,885	046	016
	하	19,749,778	9,956,053	1,362,945	961,948	400,961	216,450	040	022
1943년	상	19,847,499	9,842,185	1,501,899	979,702	522,197	94,444	053	010
	하	19,958,626	10,057,791	1,763,129	1,067,051	696,078	—	069	

자료. 선교회(1985), 《조선교통사 자료집》, 삼신사, pp.141~150

다른 사설철도와 보조금을 비교해 보면 경남철도의 보조금이 많은 것을 알 수 있다. 이는 경남철도 다른 노선과 마찬가지로 사철의 보조금에 의한 운영의 성격을 알 수 있으며 경영성적 또한 높지 않은 것을 알 수 있다. 이는 경남철도가 매우 정부 의존적으로 조선총독부 철도국 출신이 많은 것도 설명이 가능한 이유이기도 하다.

<표 51> 사철 보조금의 비교(1931년)

	보조금액(엔)	km당 보조금(엔)
조선철도주식회사	1,990,092	3,565
경남철도주식회사	1,402,247	6,553

철도가 그린 동아시아 풍경

금강산전기철도주식회사	962,514	8,254
조선경동철도주식회사	133,811	1,067
신흥철도주식회사	55,234	359.6

자료 선교회(1985), 《조선교통사 자료집》, 삼신사, pp.141~150

④ 노선 부설의 변화

경남철도주식회사의 주주 공모문을 보면 장항(군산 대안)과 천안 양 지점 부터 기공한다고 정하였지만 사정상 천안~광천 간의 공사를 먼저 준공하여 운행하였다.

그 후 노선으로는 안성~장호원을 추진하였다. 이에 따라 내륙에서 수송된 화물은 광천에서 배로 군산까지 화물이 운송되었다. 광천에서 군산으로 수송 화물액은 1924년에 460만 원 정도, 군산에서 광천까지는 69만 원 정도로 광 천에서 군산까지의 수송량이 많았다. 광천에서 군산까지는 정기선과 부정기 선이 다녔는데 체선, 체화 현상이 있었다. 이에 대해 군산과 장항 지역에서는 장항까지의 연장공사를 빨리 시행하도록 촉구하였다. 특히 내륙과 항만을 직 접 연결하도록 촉구하였다.[47]

---

47) 〈동아일보〉, 1926년 4월 23일

조선경남철도주식회사 노선 확장 계획

향후 노선은 강릉까지 확장될 것을 기대하였다.

"경성역을 출발하는 기차로 약 2시간여를 남행하면 산과 산, 골과 골을 거침없이 조망하다가 아연히 일망무제한 평원광야를 조망할 수 있나니 누구나 다 흉금의 쾌활함을 감할 것이다.

평야의 중앙에는 동서로 관류하는 안성천이 경기 충남 양도계를 이루었으니 이곳 우리에게 사라지지 않는 기억을 남겨준 소위 갑오전역의 전적지로 피유명한 소사평야이니 이곳부터가 충남의 최북단인 천안군이다. 지리상으로 충남의 인후요 관문인 만큼 교통은 지극히 편리하여 왕석에 있어서 고려태조가 웅천(금공주)의 견훤을 정벌할 시에 삼국 요충의 땅이라 하여 군병 3천을 주답게 하였었고 국조에 들어와서는 호서, 호남, 영남 등 삼남 대로의 분기점이 되었었으며, 근일에는 경부철도가 본군의 서단을 종관하여 성환, 천안, 양 역을 통과하였으며, 사철 경남선이 천안역을 교차점으로 국철을 횡단하여 동으로는 물화의 집산지로 유명한 조선 삼대 시의 하나인 안성을 경유하여 죽산에 이르렀으나 오는 9

철도가 그린 동아시아 풍경

월 16일부터 다시 장호원까지의 개통을 볼 것이며, 서로는 조선 굴지의 온양온천과 조선 곡창이 있는 예산, 홍성 등 호서일대의 물산지를 횡관하여 해산물의 집산지로 유명한 광천에 연결되었다. 장래에는 더욱 동선을 연장하여 동으로 여주, 이천 등의 곡창과 강원제 군의 심협을 천관하여 강릉까지 서남으로 보령, 서천 등 본도 서해안의 옥야를 종관하여 군산 대안까지에 이르면 조선일대 횡단철도의 실현을 볼 것이다."[48]

　　일본은 충남과 경기도 일대의 쌀도 일본으로 가져갈 계획이었고, 광업자원도 전쟁 물자를 만드는 데 필요하기 때문에 제련소의 입지를 찾고 있었다. 우선 항구가 있어야 하고, 철도가 있어야 하며, 제련소를 세울 수 있는 곳이어야 했다. 그 같은 최적지가 장항이었다. 장항은 전망산(前望山－막내산)이 파도를 막아 배가 정박하기에 안전하고 준설할 필요 없이 수심을 항상 유지할 수 있으므로 항구로서 가장 적합하였다. 그리고 제련소의 입지로는 표고 100m 높이의 바위산 위에 굴뚝을 세우면 지반이 튼튼하고 높이 쌓지 않아도 되며, 폐기물 처리가 용이하다. 공업용수는 바닷물을 무제한 사용할 수 있으므로 장항을 선택하게 되었던 것이다. 장항을 개발하기 위하여 일본인 미야자키 게이타로(宮崎佳太郞)가 금강(錦江) 연안의 용당산과 후망산(개구리산)을 연결하는 제방을 쌓았고, 1918년 경남선(오늘날 장항선) 철도 부설 추진 기구를 발족하고, 1920년 2월 8일자로 자본금 1,000만 원으로 경남철도(주)가 설립되어 착공한지 11년만인 1931년 8월 1일 천안에서 장항을 연결하는 경남철도 144.2km가 개통되었다.[49]

　　1931년 천안에서 장항까지 경남철도가 개통됨에 따라 장항항이 급속하게

48) 〈동아일보〉, 1927년 8월 4일

49) 《서천향토문화》를 참조해서 작성

발전하게 되었다. 장항은 1930년 11월 1일 판교~장항 간 개통 시 승객이 1일 평균 20명에 불과했지만 1931년 8월 1일에 승객이 증가하여 100명이 되었다. 또한 1931년 10월 20일 식산은행 출장소를 장항리에 설치하였다. 장항항은 1931년 개항하였고 1934년에 쌀 60만 석을 수송한 충남 제일의 미곡 수출항이 되었다. 1934년에 잔교 증설, 운하 개설, 농업창고 건설, 통신기관 개설, 어항시설, 시가지 건설, 국립제련소 설치 등을 추진하였다. 1936년 1월 24일 기사에 의하면 충남 장항항은 군산항의 편입을 거절하고 경남철도의 발전에 따라 더욱 비약적으로 발전하고 있다. 1936년 장항제련소가 작업을 시작하여 지가가 20~30배 상승하였다.[50]

장항제련소가 1936년 6월 주요 공장과 용광로 설비를 완료한 후 1937년 1월 전망산 위에 100미터 높이로 완공되었다. 철도가 장항까지 연결된 후 여러 지역에서 모여든 미곡과 관련해 미곡창고, 미곡검사소, 곡물상조합 등의 산업시설이 건설됐고, 은행과 운송회사, 기관, 선박조합, 상옥조합 등의 상업시설이 만들어졌다. 그리고 관공서와 학교, 여관, 경찰서 등이 건설됐으며, 이러한 산업 관련 시설과 함께 전등, 전화 등의 근대적인 인프라가 도시 전역에 설치됐다.[51]

이러한 도시산업화는 장항제련소 건립과 함께 더욱 가속화됐고 산업노동자가 전국 각지에서 유입됐다. 항만과 제철소, 미곡창고는 근대산업도시로서 장항의 모습을 보여주는 대표적인 시설이다. 이처럼 철도 부설이 이 지역을 변화시켰다. 장항제련소는 당시 마쓰모토 마고토(松本誠, 전 경기도지사)가 사장으로, 조선제련주식회사(현 장항제련소)였다. 이는 식산은행이 추진하였

....

50) 〈동아일보〉, 1936년 1월 24일
51) 〈조선일보〉, 2016년 7월 13일

는데 금을 제련하였다.[52]

⑤ 다양한 부대사업

경남철도의 온천사업은 매우 유명하다. 경남철도의 온천 운영은 일본의 사철 운영을 모방하여 추진한 것이다. 자료에 의하면 지배인 이노우에 겐타로(井上賢太郎)는 각국의 온천시설을 시찰한 후 장단점을 연구해서 한큐철도(阪急鐵道)의 다카라즈카(寶塚) 온천을 모방해서 추진하였다.[53] 온천을 비롯한 부대시설을 통해 유원지화를 꾀하였는데 10만 원을 투자해 약 21만 평을 매수하였다.[54] 그는 신정관이라는 온천을 운영했으며 신정호 호수의 수면권을 이용하여 유원지를 운영하였다. 이는 다카라즈카의 유원지를 모방했다고 하겠다. 당시 일본의 경우 사철사업이 활성화되어 일본의 사철 모델도 조선에 많은 영향을 미쳤다고 할 수 있다. 또한 교통수단으로 철도 이외에 포드 7인승 자동차 4대를 구입해 기차 3등칸 요금인 1인 50전으로 천안~온양 간 자동차 영업을 개시하였다.[55]

장항까지의 노선이 완공되면서 충남 보령군에 있는 무창포해수욕장을 직접 경영하였다.[56] 당시의 설명에 의하면 명사십리의 모랫길과 주변의 단풍이 아름다웠고 양식장이 유명하였다. 장항선의 경우 온양온천의 여객이 많은 것도 이 때문이라고 할 수 있다. 야구장도 1929년 온양온천에 경비 4천원을 들

....

52) 〈경성일보〉, 1937년 1월 3일
53) 竹国友康(2006), 《한국 온천 이야기》, 서울 : 논형, p.212 인용
54) 〈중외일보〉, 1926년 12월 30일
55) 〈조선일보〉, 1928년 12월 20일
56) 〈동아일보〉, 1930년 8월 29일

여 약 4,000평 규모로 완성되었다.[57]

조선경남철도주식회사 노선도(왼쪽 끝이 장항)

조선경남철도와 온양온천

〈표 52〉 한큐철도와 경남철도의 비교

	설립 연도	사업	온천, 야구장	특징
일본 한큐철도	1907년	철도(143.6km), 부동산, 유통, 프로구단, 여행 등	다카라즈카온천(1911), 야구장(1937)	사철 경영의 비즈니스 모델 창시 오사카 근처 대도시권
경남철도주식회사	1920년	철도(214km), 온천, 해수욕장(1930)	온양온천(1926), 야구장(1929)	천안만 도시권 사철모텔(온양온천, 무창포해수욕장), 기타 지역은 농촌지역

이와 관련해서 경남토지회사가 1920년에 설립되어 경남철도주식회사 연

....

57) 〈동아일보〉, 1929년 4월 16일

변의 시가지 개발과 경영, 간척지 개발과 토지매매, 창고사업을 추진하여 제휴관계를 통해 사철의 지역개발 모델을 실현하였다.[58] 이는 조선에 있는 사철에서 매우 독특한 형태로 다른 사철과 비교가 되며, 나아가서 조선 내에서 사철을 통한 발전모델을 꾀하였다고 할 수 있다. 따라서 경남철도주식회사의 성격은 쌀 등의 수송과 함께 온천 등의 위락시설을 통한 사철 모델의 개발이었다고 할 수 있다.

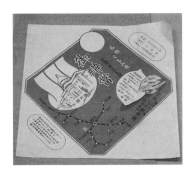

열차도시락 사진(천안박물관 소장)

2) 장항역의 발전과정

1937년 발행된 자료를 보면 장항의 인구는 1931년에 1,256명에서 1936년에 7,856명으로 급격하게 증가하였고, 장항역은 1933년에 승하차여객이 15,129명에서 1936년에 30,740명으로 증가하였다. 군산과 연결되는 장항잔교역은 1936년에 승차인원이 4,530명, 하차인원이 628명으로 군산으로부터의 승객이 많았음을 알 수 있다. 철도의 중요성과 함께 장차 장항~부여

....

58) 〈동아일보〉, 1920년 4월 8일

~공주~조치원으로 연결하는 충남 중앙선의 건설을 추진하여야 한다고 주장하였다. 아울러 장항의 발전에는 군산과의 협력관계가 중요하다고 언급하면서 오사카와 고베를 예로 들었다.[59]

1937년 장항선의 여객과 화물 취급량을 보면 화물의 경우 장항선에서 가장 취급량이 많았음을 알 수 있다.

〈표 53〉 장항선의 여객과 화물 취급량(1937년)

여객(%)		화물(%)	
온양온천	19.1	장항	34.7
예산	9.7	예산	16.1
천안	8.1	삽교	8.2
홍성	7.6	온양온천	7.2
광천	6.3	홍성	6.8
삽교	6.0	광천	4.6
장항잔교	4.5	천안	3.8
대천	4.4	장항잔교	2.4
서천	4.3	대천	2.1
신례원	3.7	판교	2.0
합계	73.6	합계	87.9

자료　허우긍(2010), 《일제강점기의 철도수송》, 서울대학교 출판문화원, p.187

장항역의 발전과정을 보면 1930년 11월 1일에 보통역으로 영업을 개시하였다.

....

59) 阿部薫(1937),《延び行く長項》, 경성 : 민중시론사, pp.14-38 인용

자료 〈매일신보〉, 1930년 11월 3일

개통 당일의 상황을 보면 축하객은 경성에서 호남선으로 군산까지 왔으며, 군산에서 배로 10시에 출발하였다. 장항까지 약 15분이 소요하였다. 축하열차는 장항에서 판교까지 왕복하였다. 소요시간은 왕복 2시간이며, 개통식 당일 날 1시에 장항역에 돌아왔다. 장항역 개통으로 충청남도와 전라북도를 연결하는 중요한 노선이 개통되었으며 쌀 수출이 많을 것으로 전망하였다.

1964년 10월 1일에는 대전~장항 간에 급행열차가 운행되었다. 그 후 1976년 9월 15일에 역사를 준공하였고, 1991년 10월 24일에 역사를 증축하였다. 1991년 11월 25일 새마을호의 운행을 개시하였고, 2008년 1월 1일 장항선 직선화로 역을 이설하였다.

이처럼 장항선은 장항을 발전시키는 데 결정적으로 작용하였다. 장항은 장

군산역 준공(1912년 3월 6일)

이승만 대통령 장항 방문(1957년 11월)

철도가 그린 동아시아 풍경

대전~장항 간 급행열차 개통(1964년 10월 1일)

장항역 준공(1976년 9월 15일)

장항역 이설 준공(2008년 1월 1일)

항선의 종점이며, 군산과 연결되는 지점으로 철도를 통해 성장하였다. 당시 군산항으로 부족한 물자수송을 장항이 담당한 것인데 쌀과 자원수송을 담당하였다.

장항선의 개통은 1931년이며, 1937년에 장항제련소의 완성과 1938년 장항읍으로의 성장은 매우 밀접한 관련이 있다. 철도의 개통으로 지역이 발전한 예는 우리나라의 대전, 평택, 신의주 등 많은 지역이 있다. 1964년 7월 11일 장항은 충남 유일의 1종항구로 지정받아 발전해 왔다.

이러한 장항의 발전으로 철도역 주변으로 미곡창고(2014년 근대문화유산 지정), 조선정미소, 곡물검사소가 입지하였고, 장항항 주변으로 사택촌과 광양조선공업, 한양여관이, 장항제련소 주변으로는 사택과 황금정마을이 위치하게 되었다.

구 장항역과 새마을호 기관차

　장항이 발전하면서 인구 증가와 노동자들의 증가로 상권이 활발하게 되어 지역경제는 매우 활기를 띠게 되었다. 15분이면 이동하는 군산은 서로 발전할 수 있는 좋은 입지적인 여건이었다.

사진으로 본 동아시아 철도 스케치

제7장

사진으로 본 동아시아 철도 스케치

1. 중국의 철도

1) 현황

중국 철도는 1876년 개통 이후 국민 경제의 대동맥으로 중국 교통의 주도적인 위치를 차지해왔다. 그러나 시장경제로의 변화와 타 교통수단의 급격한 발전에 따라 1990년부터 2000년까지 철도수송 분담률이 떨어지는 추세를 보였다. 그러다 2003년을 기점으로 중장기 철도망 시설확충계획 등 철도 발전 전략 추진 및 경제 성장에 따라 철도수송량이 증가하고 있다. 철도 영업거리는 2015년 기준으로 12만 1,000km, 2009년 기준으로 여객수송인원은 14억 6,200만 명, 화물수송량은 33억 400만 톤이며, 철도차량은 총 67만 1,395량으로 화차 60만 3,082량, 객차 4만 9,355량, 기관차 1만 8,922량이다.

중국 철도는 동서로 5,400km, 남북으로 5,200km에 달하는 광대한 면적을 사회적으로 통합시키고 경제적으로 결속시키는 기능을 수행하고 있는데, 중국의 철도망은 남북과 동서로 8종(縱) 8횡(橫)의 주간선망으로 이루어져 있다. 주요 거점은 베이징과 광저우를 중심으로 형성되어 있다.

중국 정부는 2004년 1월 '중장기 철도망 계획'을 발표했는데, 이 계획은 '8종 8횡'의 주간선 강화, 2020년까지 전국 철도 총연장 15만 km, 베이징(北京)~상하이(上海) 노선을 포함한 '4종 4횡 여객운송 전용 고속철도 건설계획'이 핵심 내용이다. 이에 따라 '10차 5개년 계획'이 마무리되는 2005년까지 총 영업연장 7만 5,000km, 복선화 2만 5,000km, 전철화 2만 km로 시설을 확장했다. 2010년까지는 베이징~상하이 고속철도를 완공했고, 시안(西安)~안캉(安康)철도, 티베트 진입철도 등도 완성했다. 그리고 2020년까지 롄윈강(连云港)~란저우(兰州)~우루무치(乌鲁木齐)철도, 청두(成都)~쿤밍(昆明)~난닝(南宁)철도를 신설·연장할 것을 계획하고 이를 추진 중이다. 이 중 주요한 내용으로는 중국의 4종 4횡의 여객전용철도 건설계획이 있는데 쑤저우(苏州)~정저우(郑州)~란저우(兰州) 구간이 TCR 노선에 해당된다.

2010년은 중국 고속철도 건설이 크게 확대된 해로, 중국은 철도 건설에 7,091억 위안을 투자했다. 중국 철도부에 따르면 2010년 말까지 중국 고속철도의 총길이는 8,358km에 달해 세계 1위로 나타났다. 2014년부터 2015년 사이 신설 고속철도는 8,887km이고, 선로의 수는 24개다. 2020년까지 철도 운영 구간을 1만 2,000km 이상으로 증축하고, 고속철도 건설은 길이 약 1만 6,000km를 이룰 것을 목표로 계획했다. 그중에 주요 도시 간선은 승객과 화물을 분리하고 복선화와 전철화는 각각 50%와 60% 이상을 달성할 것을 전망했다. 기본적으로 합리적인 배치와 구조, 홍보, 기능 등에 있어서 완벽하고 원활한 철도 네트워크를 실현하고 운송 능력을 높임으로써 국민 경제와 사회 발전 수요를 만족시킬 것으로 내다보고 있다.

2020년까지 총 5조 위안을 투자해 전국적인 철도망이 완공되면 전국토의 70% 이상이 고속철도의 영향을 받고, 4종 4횡의 고속철도가 개통되면 중국 전역에서 고속철도 이용이 가능할 전망이다. 이미 2015년 고속철도는 세계에서 가장 긴 노선을 보유하고 있으며 시속 350km 구간도 세계에서 가장 긴만큼 중국은 고속철도의 강국으로 자리매김하고 있다.

2) 중국의 국경역

중국에서 단둥(丹东)역과 훈춘(琿春)역은 매우 의미 있는 역이다. 단둥역은 북한과 인접해 있으면서 황금평 경제특구에 바로 연결되며, 훈춘역은 북한, 러시아와 인접해 나선 경제특구와 연결되는 주요 거점역이다.

단둥은 북한의 신의주와 연결되는 주요한 국경 도시다. 단둥시는 북한의 신의주시와 압록강 하나를 사이에 두고 마주 보고 있는 중국 최대의 변경 도시인 동시에 한반도와 가장 인접한 중요 항구로, 전체 시의 총면적은 1만 5,000km²이며, 그중 도심의 면적은 800km²이다. 단둥에서 철도로 평양까지는 220km, 서울까지는 420km 거리에 있으며, 단둥 항구에서 인천항까지의 거리는 245마일, 일본 나가사키(長崎)항까지는 590마일에 지나지 않는다. 중국 동남지구와 한국, 일본과 가까운 거리에 위치한 육로와 해로가 모두 열려있는 요충지로, 우월한 지정학적 위치를 점하고 있다. 단둥시는 공업 발전을 위한 비교적 좋은 기초 조건을 구비하고 있는데, 풍부한 자원을 기본으로 편리한 교통망과 원활한 전기공급 등 투자 대상지로서는 가장 이상적인 조건을 갖추었다. 이처럼 단둥은 향후 우리나라 TKR 철도가 바로 연결되는 중요한 국경역이다.

과거 단둥과 선양을 연결하는 노선은 안봉(安奉)선이라 불렀는데 과거 러일전쟁 시대에 궤간 762mm의 군용경편철도로 건설되었다. 일본은 압록강을 건너 1904년에 봉황성까지 점령하자 1904년 11월에 단둥에서부터 봉황성 간을, 1905년 2월에는 선양(瀋阳)까지 개통시켰다. 러일전쟁에서 승리한 일본은 포츠머스조약에 의해 러시아로부터 뤼순(旅顺), 다롄(大连)~창춘(长春) 간의 철도를 인수해 1906년 11월에 남만주철도주식회사를 설립했다. 인수한 구간의 궤간은 러시아의 1,524mm의 광궤에서 1,435mm의 표준궤로 개축했다. 이때 안봉선은 만철선의 지선이 되었고, 1911년 11월 1일에 협궤로부터 표준궤로 개축했다. 이로부터 만주와 단둥, 조선의 신의주를 연결하는 압록강철교에 의해 우리나라와 중국이 연결되게 되었다. 1911년 11월 2일부터 양국의 직통열차가 운행했다.

단둥역은 중국 주요 도시와 고속철도로 연결된다. 먼저 단둥과 다롄을 연결하는 고속철도는 1일 12왕복하고 있다. 단둥과 선양 간의 고속철도는 1일 38왕복이며, 재래선은 5왕복이다. 고속철도의 발착은 1일 100편이고, 재래선이 10편 운행하고 있다. 중국의 재래선은 고속철도와 같이 궤간이 1,435mm 표준궤이기 때문에 같은 홈에 재래선과 고속철 열차가 혼재한다.

단둥역을 종점으로 하는 선양과 단둥을 연결하는 고속철도가 2013년 9월에 개통되었다. 총연장 208km, 운행속도는 시속 250km로 양 도시를 1시간에 잇는다. 이는 기존 재래선이 3시간 걸리는 것을 3분의 1로 단축한 것이다. 이 고속철도는 2010년 3월에 착공했다. 재래선도 단둥과 선양을 연결하고 있는데, 이를 이용해 베이징에서 평양 구간의 국제 열차가 매일 운행하고 있다.

한편 단둥과 다롄을 연결하는 고속철도는 2015년 9월에 개통되었다. 총연장은 293km, 열차의 최고 속도는 시속 200km이다. 그리고 20개의 정차역이 있다. 이 노선은 동변도 철도의 일부 노선이기도 하다.

한편 훈춘역은 러시아와 북한으로 연결되는 국경 역으로 지리상으로 매우 중요한 위치다. 훈춘역은 1992년 3월 훈춘시가 대외개방도시로 지정됨에 따라 투먼(图们)에서 훈춘까지 철도 건설이 시작되어 1993년 9월에 개통되었다. 훈춘과 지린(吉林)을 연결하는 고속철도는 총길이 360km 구간으로, 시속 250km가 가능하게 설계되어 2015년 10월에 개통되었다. 고속철도역은 이때 새롭게 만들어졌다. 지린에서 출발한 고속철도는 둔화(敦化)~차오양촨(朝陽川)~옌지(延吉)~투먼~훈춘으로 연결된다. 훈춘역은 중국과 북한, 러시아를 연결하는 주요 거점 역으로 일찍이 두만강 지역 개발목표에 지역개발이 합의하에 추진되고 있다

훈춘역은 지리적으로 매우 중요한데 러시아와 북한에 인접해 있다. 장춘~훈춘~자루비노(Зарýбино, Zarubino)항을 통해 속초와 부산으로 연결되고 있다. 이 지역은 창춘~지린~옌지~투먼~남양~함북선으로, 나진으로 연결되는 노선이기도 하다. 훈춘역에서 러시아 TSR이 연결되는 국경 역까지 40km 구간은 광궤와 표준궤의 복합궤가 운용되고 있다. 장래 단둥역과 훈춘

북한과 러시아를 연결하는 철도(중국 팡촨(防川)에서 촬영)

역은 북한과 연결되는 주요 역으로 기능할 것이며 향후 동아시아 교통 허브로서도 크게 기여할 것으로 예상된다.

2. 타이완의 철도

타이완은 인구가 2,354만 명, 면적은 25,980km²로 대한민국 100,363km²의 약 3분의 1의 규모이다. 경제력은 2018년 기준으로 1인당 GDP(ppp 기준)으로 $50,500이다. 인구는 도시에 집중되어 도시화율은 78.2%, 수도 타이베이(臺北) 근방에 약 700만 명이 거주하고 있다.

타이완 철도노선도

타이완 철도 영업거리는 1,613km이며, 이중 고속철도가 345km(표준궤), 나머지는 협궤로 1,268km를 운영하고 있다. 철도영업 연장는 세계 81위이다. 참고로 미국이 293,564km로 1위이며, 중국, 러시아, 인도가 그 뒤를 잇고 있다. 우리나라는 3,979km로 48위이다.

한편 도로는 38,528km로 자동차가 매우 발달하였지만 남북으로 연결하는 교통은 고속철도가 담당하고 있다.

타이베이역

타이완은, 철도를 포함한 공공교통수단의 분담율은 24.7%이며, 타이베이의 경우는 62.7%로 매우 높다. 특이하게 대도시인 가오슝(高雄)의 경우는 14.6%로 매우 낮은데, 이는 오토바이 등 2륜차의 분담율이 67.5%를 차지하고 있기 때문이다.

타이완의 철도 역사를 보면 최초로 철도가 부설된 것은 청나라 시대인 1891년 개통한 지룽(基隆)~타이베이 구간 28.6km였다. 후에 신주(新竹)까지 연장되었다. 이는 당시 청나라의 최초의 관설철도였다. 궤간은 1,067mm의 협궤였다. 남북을 연결하는 종관선으로는 1908년에 지룽에서 가오슝까지

타이베이역 내부

타이베이역 구내의 챠량 전시물

408.5km가 완공되었다.

타이완의 수도에 위치한 타이베이역은 1891년에 만들어졌으며 그간 3
대에 걸쳐 개축과 신축을 했다. 지금의 역은 4번째로 1989년에 완공되었
다. 지하철은 1997년에 개통되어 이 역은 간선과 도시교통의 허브 역으로
서의 기능을 담당하
고 있다. 타이베이
역의 1일 이용객을
보면 고속철도 이
용객이 120,738명,
일반철도 이용객이
189,207명, 지하철
이용객이 782,668

옛 타카오역(1900년 건축) 철도박물관(타이완 가오슝시 소재)

명이다.

이 역은 교통의 기능과 함께 문화역으로도 기능을 하고 있다. 일제강점기 당시의 협궤의 증기기관차가 그대로 전시되어 있으며 정시에 기적을 울리고 있다.

옛 타카오역 철도박물관 내 예전 역 부근 사진(타이완 카오슝시 소재)

타이베이역의 내부는 넓은 대합실과 함께 지상에는 쇼핑과 음식점 등이 입점해 있으며, 철도는 지하에서 탑승하도록 되어 있다.

타이완의 경우 철도역을 중심으로 문화유산을 보존하고 있다. 1895년부터 일본이 타이완철도를 약 50년간 운영하여서 그 흔적이 많이 남아 있다. 타이

옛 타카오역 철도박물관의 차량 전시(대만 가오슝시 소재)

옛 가오슝역(1941년 신축)의 모습을 그대로 보존하고 철도전시관으로 활용

완의 경우는 철도문화보존협회가 있어 이 협회를 중심으로 철도문화유산을 보존하고 있다. 대표적인 사례로는 예전 가오슝임항(高雄臨港)선의 종착역인 가오슝항역(일본이 지명을 다카오(高雄, 타이완식 발음이 '가오슝')로 변경하기 전 원래 지명은 타카오(打狗)였다)에 철도박물관을 만들어서 역의 자료와 함께 차량을 함께 전시하고 있다. 타카오역의 예전 모습을 그대로 재현하고 서적과 차량, 사진 등을 그대로 보전하고 있다.

가오슝 예전 역의 경우도 그대로 모습을 보존하고 철도전시관으로 활용하고 있다. 이 역은 신역의 신축계획에 따라 이전 또는 철거가 불가피했는데 이역의 역사적인 의미를 살려 주변으로 이동하는 것으로 결정하였다. 그리하여 2002년 8월 3,500톤에 달하는 이 역을 기중기에 실어 매일 6m씩 14일간 82.6m를 이동하여 현 위치로 이동시켰다.

또한 다른 주요 역의 경우에도 철도 관련 차량을 전시하거나 예전 철도역

철도가 그린 동아시아 풍경

타이완의 지방 철도여행(삶과 철도의 공존)

건물을 그대로 보존하여 철도전시관으로 활용하고 있다.

　이와 함께 타이완 철도의 특징 가운데 하나가 철도를 이용한 지방여행이다. 지방 주요 지역으로 철도가 연결되어 있는데, 이 또한 예전 지방의 중심지로 그대로 이동할 수 있어 여행의 묘미를 더해준다.

부록

사진으로 본 동아시아 철도

01 유명한 일본 만화 '마루코는 아홉 살'의 무대가 된 시즈오카시(静岡市)의 지역철도인 시즈오카철도
(静岡鉄道) 신시미즈(新清水)역에 만화 등장인물과 사진을 찍을 수 있도록 설치된 패널

02 플랫폼에서 내리면 바로
바다가 보이는 JR홋카이도
의 기타후나오카(北舟岡)역
의 모습. 상위 열차를 대피하
는 도중에 플랫폼에 내려서
바다를 볼 수 있다.

철도가 그린 동아시아 풍경

03 퇴근길 승객들로 복잡한 JR산노미야(三宮)역. 열차에 뛰어드는 것을 방지하기 위한 안전 목적으로 의자가 열차의 진행 방향으로 놓여 있다.

04 간사이 지역의 거점 역인 JR오사카(大阪)역의 모습. 11개의 승강장과 함께 거대한 역 건물의 모습이 보인다.

05 골든위크에는 특급열차의 자유석을 차지하기 위해 승객들이 긴 줄을 서게 된다. 각 줄의 제일 뒷부분을 안내해 주는 역무원이 팻말을 들고 승객들을 안내하고 있다(가나자와(金沢)역).

06 호쿠리쿠철도(北陸鉄道) 쓰루기(鶴来)역의 개표 모습. 자동개찰기를 거치지 않고 수동검표를 하고 있으며, 지역 주민들의 밀접한 생활 수단으로 활용되고 있다.

07 도야마지방철도(富山地方鉄道) 덴테쓰쿠로베(電鉄黒部)역의 모습. 선로와 플랫폼이 교대로 놓여 있는 특이한 구조로 되어 있다.

철도가 그린 동아시아 풍경

08 도야마지방철도 본선 열차를 타고 가면서 볼 수 있는 다테야마(立山) 연봉의 모습

09 도야마지방철도의 한 역
인 니시나메리카와(西滑川)
역의 역명판. 항구 마을의 특
성을 잘 보여주듯 오징어를
캐릭터화하여 역명판 디자인
을 하고 있다.

10 다테야마-쿠로베 알펜루트(立山黒部アルペンルート)의 일부분인 다테야마 케이블카의 모습. 일본의 케이블카는 매달려서 가는 형식이 아니고 레일을 따라 운행하며 케이블(삭도)을 끌어올려 차량을 추진하게 된다.

11 도야마지방철도 다테야마(立山)역의 모습. 다테야마-쿠로베 알펜루트(立山黒部アルペンルート)의 본격적인 출발 지점이다. 이 지점을 넘어서면 산악 구간이 시작된다.

철도가 그린 동아시아 풍경

12 도야마지방철도 다테야마(立山)선의 풍경. 아래에 보이는 맑은 하천은 조간지 강(常願寺川)이라고 부른다.

13 도야마의 지방 사철인 아이노카제토야마철도(あいの風富山鉄道)의 열차 분리 모습. 4량으로 운행하던 열차가 이곳에서 2량+2량으로 나뉜다. 앞의 2량은 더욱 멀리까지 운행하나 2량은 종착하여 되돌아간다.

14 아이노카제토야마철도(あいの風とやま鉄道) 도야마(富山)역의 승강장. 바로 건너편에 신칸센 승강장이 보이는 특별한 구조로 되어 있다.

15 기존 단선 지방교통선을 노면전차용 전용궤도로 전환한 도야마라이트레일(富山ライトレール)의 모습. 철도 노선이라 빠른 속도로 주행이 가능하다.

철도가 그린 동아시아 풍경

16 1957년에 운행을 시작해서 아직도 은퇴하지 않고 60년 넘게 운행을 지속하고 있는 도야마지 방철도 7000형 모델

17 후쿠이현(福井県)의 지방철도인 에치젠철도(えちぜん鉄道)의 터미널역인 후쿠이(福井)역의 모습. 몇 년 동안 신칸센의 고가를 빌려 사용하다가 최근에 전용 고가선로가 완공되었다.

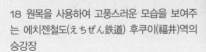

18 원목을 사용하여 고풍스러운 모습을 보여주는 에치젠철도(えちぜん鉄道) 후쿠이(福井)역의 승강장

19 에치젠철도(えちぜん鉄道)의 주력 모델인 MC7000형의 운전실. 국철에서 사용하던 119계 차량을 개조하여 VVVF인버터제어의 최신 동력계를 장착하였다.

20 에치젠철도(えちぜん鉄道) 미쿠니미나토(三国港)역 바로 앞에 있는 안경다리의 모습. 2현시방식의 신호등을 사용하고 있다.

철도가 그린 동아시아 풍경

21 1914년 7월 1일에 개업한 에치젠철도(えち
ぜん鉄道)의 미쿠니미나토(三国港)역. 예전 국철
미쿠니(三国)선 시대에 사용하던 역 건물을 그대
로 사용하고 있다.

22 일반철도와 노면전차가 직통운행을 하는 사
례도 있다. 후쿠이철도(福井鉄道)와 에치젠철도
(えちぜん鉄道)는 서로 직통운전 협약을 맺어 노
면전차형 차량이 일반 철도에서 직통운행이 가능
하도록 하였다. 에치젠철도와 후쿠이철도의 경계
역인 타와라마치(田原町)역에 정차중인 후쿠이철
도 F1000형 노면전차

23 최근 역사 개축 공사를
완료한 JR지바(千葉)역의 모
습. 열차의 출발이 커다란
LCD모니터를 통해 안내되고
있다.

24 산리오 사의 유명한 캐릭터 '헬로키티' 테마공원인 '산리오 뷰로랜드'를 홍보하기 위해서 역 전체를 '키티' 캐릭터로 도배한 오다큐전철(小田急電鉄) 타마센터(多摩センター)역

25 히로시마(広島) 화물터미널의 전경. 오늘도 수많은 화물 컨테이너들이 도착하고 출발하는 산요(山陽)지역 화물 수송 기지이다.

철도가 그린 동아시아 풍경

26 호화침대열차 '나나츠보시 in 큐슈(ななつ星 in 九州)'를 배웅하는 역무원들의 모습(JR 하카타(博多)역)

27 JR큐슈의 호화침대열차
인 '나나츠보시 in 큐슈(なな
つ星 in 九州)'. 2박 3일 또는
3박 4일 코스로 큐슈를 일주
하는 호화 관광열차로, 매우
비싼 가격이지만 1년 치 예
약이 매진일 정도로 인기가
높다.

28 가고시마시(鹿児島市) 교통국에서 운영하는 노면전차의 모습. 사진의 모델은 5연접 초저상 차량인 최신 모델 7500형이다.

29 JR 히타히코산(日田彦山)선의 사이도쇼(採銅所)역. 1915년 4월에 개업한 역으로 역 건물이 고풍스러운 분위기로 개축되었다. 역 건물은 유형문화재 지정을 받았다.

철도가 그린 동아시아 풍경

30 고쿠라(小倉)역 빌딩 3층에서 출발하는 기타큐슈모노레일(北九州 モノレール) 열차의 모습. 친숙한 애니메이션 '은하철도 999'의 등장인 물이 열차에 랩핑되어 있는 모습이다.

31 JR서일본이 운영하는 산요(山陽)신칸센 공식 캐릭터인 '칸센쟈(カンセンジャー)'의 모습. 신칸 센 500계 모델을 기초로 의인화하여 만들었다.

32 JR 후쿠치야마(福知山)역에 있는 우산, 핸드 폰 등을 놓고 내리는 승객들을 위한 주의 안내 표 시. 벽에 커다랗게 '잊어버리지 않으셨나요?'라고 써서 주위를 환기시키고 있다.

33 1997년에 굿디자인상을 받은 JR 니조(二条)역의 목조 트러스. 고가역 승강장을 거대한 목조 돔이 감싸 안는 구조로 되어 있다.

34 일본의 각 사철회사에 근무하는 직원들을 캐릭터 상품화를 시도하여 큰 인기를 끌고 있는 '데쓰도 무스메(鉄道むすめ®)'의 모습. 사진의 캐릭터는 '요코하마 시사이드 라인(横浜シーサイドライン)'의 담당 캐릭터이다.

철도가 그린 동아시아 풍경

35 레일에 매달려서 운행하는 "현수식 모노레일"로 운행중인 쇼난모노레일(湘南モノレール)의 모습. 오후나(大船)역 버스터미널 위를 매달려서 주행하고 있다.

36 에노시마(江ノ島) 관광의 거점이 되는 에노시마전철(江ノ島電鉄) 에노시마(江ノ島)역의 모습

37 유명한 관광지인 에노시마(江ノ島)에 있는 오다큐전철(小田急電鉄) 가타세에노시마(片瀬江ノ島)역. 오다큐전철 에노시마(江ノ島)선의 종착역이다. 역 건물 디자인 콘셉트는 바로 용궁성

38 일본 도시철도에서 열차의 추월과 대피는 매우 일상적인 일이다. 좌측의 보통열차보다 우측의 급행열차가 더 늦게 들어왔지만, 빨리 출발한다. 차장이 안전 확인을 하는 모습이다.

39 일본의 침대특급열차인 '선라이즈 익스프레스(サンライズエクスプレス)'에서 운용하고 있는 '노비노비 좌석(ノビノビ座席).' 침대가 아닌 맨 바닥에서 잠을 청해야 하지만, 침대칸에 비해 상대적으로 저렴하다.

철도가 그린 동아시아 풍경

40 보통열차에서 하차한 승객이 급행열차를 기다리는 모습이다. 급행열차의 소요 시간이 훨씬 빠르므로 대피역에서는 보통열차와 급행열차의 승객 교환이 매우 활발하다.

41 일본의 역 도시락으로 유명한 '에키벤(駅弁)'의 모습. 사진에서 보듯 라켓 모양의 특이한 디자인도 있고, 지역의 특색에 따라 다양한 도시락이 판매되고 있다.

42 긴키일본철도(近畿日本鉄道)는 1963년부터 이세·시마(伊勢·志摩)지역과 오사카(大阪) 구간에서 하루에 1 왕복 '선어(鮮魚)열차'를 운행하고 있다. 과거에는 행상인 전용 열차는 국철과 사철을 가리지 않고 많이 운행되었지만 이제 이 열차만 남았다. 생선 냄새 때문에 일반여객과 행상인을 분리할 필요가 있어 운행을 시작한 것이라고 하는데 차량도 전용차량을 사용한다.

43 현재 오키나와현(沖縄県)에는 궤도교통으로 오키나와 도시모노레일(沖縄都市モノレール, 통칭 유이레일(ゆいレール))만 운행되고 있으나 제2차 세계대전 이전에는 경편철도인 오키나와현영철도(沖縄県営鉄道)가 있었다. 전쟁과 그 후 개발 때문에 그 흔적은 대부분 사라졌으나 요나바루(与那原)역 터에는 철근 콘크리트로 건립된 2대 역사의 기둥이 남아 있어 사진 등 자료를 바탕으로 역사를 복원하고 철도자료관으로 운영되고 있다.

철도가 그린 동아시아 풍경

44 요나바루(与那原)역 터에 남아 있는 2대 역사의 9개 기둥. 역사는 제2차 세계대전 이후 수리를 거친 후 요나바루초(与那原町) 청사, 농협 요나바루 지점으로 사용되었다가 노후화와 복원을 이유로 철거되었으나 역사적인 유물로 기둥만 남긴 것이다.

45 오사카(大阪) 시내에 있으나 주변에 아무것도 없고 승객도 거의 없으며, 각역정차 열차가 30분에 겨우 1번만 정차하는 '도심의 비경역(秘境駅)'이라 불리는 난카이전철(南海電鉄) 고야(高野)선 기즈가와(木津川)역. 고야철도(荒野鉄道, 난카이전철 전신) 시절 터미널역이었던 시오미바시(汐見橋)역은 하천과 시가지에 둘러싸여 있어 수운이 불편한 지역이었다. 이를 극복하기 위하여 도심에 가까운 이 역 주변까지 수로를 만들고 화물기지까지 건설하면서 한때는 활기가 넘쳐났다고 한다. 도로교통의 발달과 함께 몰락한 역 중 하나다.

46 경편철도를 기원으로 하는 노선 중에는 폐선이 되지 않고 협궤 그대로 남아 있는 것이 있다. 욧카이치 아수나로 철도(四日市あすなろう鉄道)도 그 중 하나. 긴키일본철도(近畿日本鉄道, 약칭 긴테쓰(近鉄))의 경영합리화 일환으로 폐선이 될 예정이었으나 욧카이치시(四日市市)가 시설을 보유하고 시와 긴테쓰가 출자한 새로운 회사가 운영하는 방식으로 지역 주민들의 발이 되고 있다.

47 경편철도는 사기업이 사업을 위하여 건설하는 경우도 있었다. 오지제지(王子製紙)는 1908년 도마코마이(苫小牧)공장에서 시코쓰(支笏) 호까지 발전소를 건설하기 위해 선로를 깔았다. 발전소 완공 이후에도 여객, 화물 수송을 담당하였으나 도로교통에 밀려 1951년에 폐지되었다. 사진의 객차는 1922년 당시 황태재(쇼와 일왕)가 발전소를 시찰할 때 승차한 귀빈차이다.

48 일본에는 여전히 노면전차(트램)가 운행되고 있는 도시가 많은데 하코다테시(函館市)도 그 중 하나
이다. 1970년대 이후 노면전차는 자동차 교통에 방해가 된다는 이유로 완전히 폐지되어 도로 확장 공
사로 인하여 이전, 현재는 건물만 보존되고 있다.

49 산기철도(三岐鉄道) 산기(三岐)선은 여전
히 화물수송 중심으로 영업을 하고 있는 노선
이다. 산에서 나오는 석회를 시멘트공장까지
수송하는 목적으로 건설된 노선이며, 주변 인
구가 적은데도 출력이 큰 전기기관차가 필요하
여 전화가 되어 있다. 현재 JR 외에 시멘트 수
송을 하고 있는 노선은 여기뿐이다. 여객열차
운행간격이 일정하지 않은 것도 화물수송에 우
선순위를 주고 있기 때문이다.

50 산기철도(三岐鉄道) 산기(三岐)선 뉴가와(壬生川)역 옆에는 그 노선이 화물수송 위주로 운영되는 것에 주목하여 건립된 일본 유일의 화물철도박물관이 있다. 박물관 외부에 보존되어 있는 차량은 상시 견학이 가능하며, 건물은 자원봉사자가 한 달에 한 번씩 운영한다. 협궤 노선인 산기철도 호쿠세이(北勢)선 아게키(阿下喜)역에는 경편철도박물관이 있으며, 개관일에는 2개 박물관 사이를 자원봉사자가 자가용 버스로 셔틀버스를 운행한다.

51 역에 게시된 교토지하철 노선도. 직통운행을 하는 노선까지 포함하여도 4개에 불과하지만 색각에 장애가 있는 이용객도 노선을 쉽게 구별할 수 있도록 주황색과 연두색 색각만으로 노선을 구별하지 않고 '흰줄 있음', '흰줄 없음', '점선', '가는 선' 등 다른 요소도 사용하고 있다. 일본 철도역에서는 색상만으로 구별하던 노선도 등을 색각에 장애가 있는 이용객도 쉽게 구별할 수 있는 것으로 교체하는 작업을 진행 중이다. 이러한 개념을 CUD(Color Universal Design)라고 한다.

철도가 그린 동아시아 풍경

52 와카야마현(和歌山県) 고보시(御坊市)에서 총 2.7km, 5개 역을 전선 1폐색으로 운행 중인 기슈철도(紀州鉄道). 1927년에 고보(御坊)역과 시가지를 잇는 목적으로 지역 유력자들이 고보임해철도(御坊臨海鉄道)를 설립한 것이 시작이다. 1960년대에는 연간 이용객이 100만 명에 달하였으나 1965년부터는 승객과 화물의 감소, 파업으로 인한 인건비 상승 등의 어려움을 겪었다. 그 영향은 버스나 부동산 등 다른 사업 부문이 없는 회사에게는 치명적이었다. 그런데 그때가 철도회사라는 신뢰감을 악용한 부동산 투기꾼 탓으로 도산한 반다이급행전철(磐梯急行電鉄) 간부들이 새로 부동산 사업을 시작하려는 참이었다. 부동산 사업을 하려는 이들에게 '철도회사 부동산부문'이라는 신뢰감은 매력적이었다. 그래서 고보임해철도를 매수하여 기슈철도로 이름을 바꿨다. 현재 기슈철도 본사는 도쿄에 있으며, 주 사업 분야는 부동산이다. 철도노선의 영업계수는 350을 넘어 이 숫자는 일본 최악이지만 기슈철도는 '철도회사'의 이름값이라 생각하여 폐지할 생각은 전혀 없어 보인다.

53 2016년 한큐전철(阪急電鉄) 우메다(梅田)역에서 찍은 '신문원고함.' 통신수단이 빈약하였던 시대에는 취재를 나간 신문기자나 신문사 지방 지사가 신문원고나 사진을 인근 역에 가져가서 요금을 지불하면 그것을 열차 차장실에 실어 신문사 본사가 있는 터미널역까지 배송해주는 제도가 일본 각지에 있었다. 차장은 맡은 원고를 역의 '신문원고함'에 투입하고 본사 직원이 찾아가는 방식이었다. 현재는 그 제도가 폐지되어 '신문원고함' 역시 철거되었으나 2016년까지만 하여도 한큐전철에는 그 제도가 남아 있었고 실제로 1년에 몇 번씩 이용되었다고 한다.

54 오카야마현(岡山県) 구라시키시(倉敷市)에서 영업을 하였던 시모쓰이전철(下津井電鉄) 구 고지마(兒島)역. 궤간 762mm의 경편철도였다. 1914년의 완전 개통 후 주변지역의 산업구조나 이동패턴의 변화에 따라 승객·화물이 늘어나고 줄어듦을 몇 번 반복하다가 일본 전국에서 도로망이 정비된 1970년대 이후 수요가 줄어들어 노선의 일부 폐지를 거쳐 1990년에 완전히 폐지되었다. 국철이나 사철에 상관없이 1970년대에는 자동차의 보급과 도로망의 장비에 따라 일본 각지에서 지방철도는 잇따라 폐지되었다. 겨우 노선을 유지한 지방 사철도 버스 등 다른 사업 분야에서 벌어들인 돈으로 철도가 낸 적자를 메우는 식으로 경영을 하게 되었다. 일본 지방에 있는 'OO철도버스', 'OO전철버스'라는 버스회사는 과거에는 철도영업도 하였다가 철도사업에서 손을 떼어 버스전문회사로 명맥을 이은 것이다. 시모쓰이전철도 그렇다.

55 2013년에 촬영한 구 타이중(臺中)역. 일제강점기인 1917년에 건설되었다. 현재는 신 타이중역이 영업을 하고 있으며, 구 타이중역은 국정고적(國定古蹟, 국가지정문화재)으로 지정되어 있다.

236

56 1902년 타이완 가오슝(高雄)에 일제가 챠오터우 제당공장(橋頭糖廠)을 건설하면서 1907년에 원료인 사탕수수와 제품인 사탕을 수송하기 위하여 경편철도가 건설되었다. 경편철도는 궤간이 762mm로 표준궤의 절반이므로 우펀처(五分車)라고 불리기도 하였다. 제2차 세계대전 이후에는 국방부가 타이완제당에 전쟁 발생 시 남북의 교통 중단을 방지하기 위하여 국철 쭝꾸안(縱貫)선의 예비로 기존 경편철도 노선을 잇는 것을 국방부가 타이완제당에 명령하여 1953년에는 타이중(臺中)역에서 가오슝까지 남북평행예비(南北平行預備)선이 개통되었다. 전쟁을 위하여 건설된 노선이었으나 제2차 세계대전 이후도 설탕은 타이완의 주요 수출품이었으며, 이 노선이 타이완 경제에 도움이 되었다. 사진의 기관차도 1956~57년에 도입된 것이다.

57 타이완에는 일제강점기에 들어온 문화인 역 도시락(駅弁, 에키벤)이 정착되어 있다. 타이완에서는 1960년에 타이완철로관리국(臺灣鐵路管理局, 약칭 타이티에(臺鐵))이 소영(小營)부를 설립하고 역 도시락 판매업체를 통합한 이후, 역 도시락 제조와 판매를 타이티에가 직접 하고 있다. 역 도시락은 철도수송사업 다음으로 큰 비율을 차지하는 주요 사업이 되었다고 한다. 타이완에서는 삐앤땅(便當)이라 부르며, 사진은 대표적인 역 도시락인 광부도시락(排骨便當)이다. 다만 일본 에키벤과 달리 따뜻한 상태로 제공된다.

58 타이완고속철도(臺灣高速鐵路, 약칭 가오티에(高鐵))는 2007년에 개통된 고속철도로 타이베이시(臺北市) 난강(南港)역(개통 당시는 타이베이역)에서 가오슝시(高雄市) 쭤잉(左營)역까지 타이완 서쪽을 남북으로 관통하는 노선이다. 차량이 일본 도카이도·산요(東海道·山陽)신칸센 700계를 개량한 700T형이므로 외형과 내장은 일본 신칸센과 비슷한 느낌을 준다. 다만 정치적인 분쟁 때문에 차량은 일본, 분기기는 독일, 열차무선장비는 프랑스가 담당하는 등 여러 시스템이 섞여 있다. 사진은 타이베이역에서 출발을 기다리는 700T형 열차. 태이베이역은 지하역이다.

59 중국철도박물관은 베이징(北京)에 있으며, 사진의 건물은 정양문(正阳门)관이다. 구 베이징역 건물을 활용한 것이며, 1901년 개통 당시는 경봉철로(京奉铁路) 조양문동(正阳门东)역이었다. 철도차량은 베이징시 교외에 있는 동교(东郊)관에서 전시되어 있으며, 장소는 국가철도시험센터 시험선인 통칭 환행철로(环行铁路, 순환철도) 인근이다.

60 최초기 중국의 철도는 유럽 열강들이나 일본에 의해 건설되었다. 조계(租界)지로 유명한 상하이(上海) 지역의 철도도 역시 그랬다. 베이징(北京)에 있는 철도박물관과 비교하여 규모는 작지만 상하이에도 상하이 철도의 역사와 차량을 전시하는 상하이철도박물관이 있다.

61 한국 역사에서 뺄 수 없는 사건이 일어났던 하얼빈(哈尔滨)역. 사진의 역사는 1989년에 건립된 구 역사이며, 2018년 12월에 신 역사가 완공되었다. 지리적으로 러이아와 가깝고 문화적으로도 러시아의 영향을 많이 받았기에 역사 내 안내판에는 러시아어도 보인다.

62 하얼빈(哈尔滨)역 승강장에는 안중근 의사가 이토 히로부미(伊藤博文)를 저격한 곳이 표시되어 있다.

63 광대한 면적을 자랑하는 중국은 철도대국이다. 국내선 항공기 운항편수도 어마어마하지만 서민들은 철도를 이용하는 경우가 더 많다. 철도 영업거리도 노선수도 방대하다. 고속철도 개통과 함께 건설된 거점역 내부는 마치 공항과 같다. 사진은 상하이 홍차오(上海虹桥)역

240

64 우리나라에는 일제강점기에 건설, 사용되었다가 선형개량 등으로 인하여 버려진 터널이 많이 남아 있다. 충청북도 단양군 적성면 애곡리에 있는 진주터널(천주터널)과 애곡터널도 그렇다. 1942년 경경선(京慶線) 마지막 구간으로 개통되었고 광복 후에도 중앙선 터널로 그대로 사용되었다가 1985년 충주댐 건설로 선로가 이설되어 진주터널은 자동차 터널로 사용되게 되었다. 다만 단선터널이었던 만큼 폭이 좁아 자동차 한 대만이 겨우 지나갈 수 있다. 따라서 터널에 들어가기 전에 대기선에서 우선 정차하여야 한다. 센서가 자동차를 감지하고 방대방향에서 들어온 자동차가 없으면 신호가 파란색으로 바뀐다. 이를 확인하고 터널에 들어가야 한다.

65 또한 방치된 터널을 관광자원으로 활용한 경우가 수양개빛터널이다. 이것 역시 1942년 경경선(京慶線) 구간으로 개통되다가 1985년 충주댐 건설로 버려진 터널 중 하나다. 늘 어두운 환경을 활용하여 빛의 예술을 즐길 수 있다.

66 구 경부선 왜관철교. 1908년 일제가 철도교로 건설하였다가 1941년 경부선의 이 구간이 복선화되면서 인도교로 바뀌었다. 한국전쟁 당시 북한군으로부터 낙동강 방어선을 지키기 위하여 일부가 폭파되었다. 난간이 없는 부분이 폭파된 구간인데, 현재도 호국의 다리, 인도교로 사용되고 있다. 현 경부선은 이 다리 북쪽에서 낙동강을 건넌다.

67 구 왜관철교 맞은편에는 언덕이 있는데 거기에는 구 왜관터널이 남아 있다. 단선 시절 경부선은 구 왜관철교로 낙동강을 건너 몇 십미터 앞 언덕을 터널로 지났던 것이다.

철도가 그린 동아시아 풍경

68 구 동촌역. 동촌역은 1917년 협궤인 경동선(慶東線)의 역으로 영업을 시작하여 1938년에 궤간 개량공사를 계기로 사진의 역사가 건립되었다. 2005년 대구선 이설로 여객영업을 중지하여 2008년에 구 대구선과 함께 폐지되었다. 그 후 몇 년간은 방치되어 있었으며, 인근 시설의 주차장이나 주민의 텃밭으로 사용되다가 대구시에서 2013년 건물을 해체한 후 본래 위치에서 350m 서쪽에 재건립하였고 등록문화재 제303호로 지정되었다. 1930년대의 대표적인 역의 모습을 잘 유지하고 있다.

69 서울지하철 신설동역 지하 3층에 있는 유령 승강장. 1호선 개통 당시 1기 지하철 계획에 따라 5호선 노반을 미리 건설하였다가 계획이 백지화된 것이다. 1980년 지하 2층을 2호선 역으로 사용하게 되었으나 지하 3층은 현재까지 방치되고 있다. 과거에는 영화나 가수 MV촬영에 사용되기도 하였으며, 서울시에서는 현재 활용방안을 검토 중이라고 한다.

참고문헌

2장

이용상 외, 《일본 철도의 역사와 발전》, 북갤러리, 2005년

운수정책연구기구, 《숫자로 본 철도》, 2015년

一般社団法人, 日本民営鉄道協会, 《大手民鉄の素顔 : 大手民鉄鉄道事業データブック 2015》

일본 철도통계연보 각 연도

각 사철회사 결산보고서

6장

〈전북경편철도주식회사〉

김종헌, 《역사의 역사》, 배재대학교 출판부, 2004

이용상, 도도로키 히로시 공저, 《한국 철도의 역사와 발전 II》, 북갤러리, 2013

한국철도시설공단, '호남고속철도 개통에 따른 효과분석', 2015

철도청, 《철도건설사》, 1969

통계청, '인구연감' 연도별 자료

矢島佳, '植民地朝鮮における国有鉄道12箇年計画', 《歷史と経済》, 206, 2010년 1월

角本良平, 《鉄道政策の検証》, 白桃書店, 1989

《일본 지리풍속 대계》, 신광사, 1932

조선총독부 철도국, 《조선철도 역세 일반 상권》, 1914

조선총독부 철도국, 《조선철도 여행안내》, 1915

조선총독부, 《조선철도 여행편람》, 1923

남만주철도주식회사, 《조선의 사설철도》, 1925

조선척식자료조사회, 《조선철도 연선 요람》, 1927

민중시론사, 《조선시읍대관》, 1937

조선총독부 철도국, 《조선철도 40년 약사》, 1940

선교회, 《조선교통사》, 1986

조선총독부 철도국, 《조선총독부 철도국 연보》

〈경남철도주식회사〉

박재민, 성종상, '장항의 산업유산 분포 현황과 도시형성 과정', 국토지리학회지 제46권 2호 2012, pp.107-120

김종헌, 《역사의 역사》, 배재대학교 출판부, 2004

이용상, 도도로키 히로시 공저, 《한국 철도의 역사와 발전 II》, 북갤러리, 2013

허우긍, 《일제강점기의 철도수송》, 서울대학교 출판문화원, 2010

철도청, 《철도건설사》, 1969

통계청, 《인구연감》, 연도별 자료

阿部薫, 《延び行く長項》, 1930 경성 : 민중시론사

矢島佳, '植民地朝鮮における国有鉄道12箇年計画', 《歷史と経済》 206, 2010년 1월

角本良平, 《鉄道政策の検証》, 白桃書店, 1989

《일본 지리풍속 대계》, 신광사, 1932

조선총독부 철도국, 《조선철도 역세일반 상권》, 1914

조선총독부 철도국, 《조선철도 여행안내》, 1915

조선총독부, 《조선철도 여행편람》, 1923

남만주철도주식회사, 《조선의 사설철도》, 1925

조선척식자료 조사회, 《조선철도 연선요람》, 1927

민중시론사, 《조선시읍대관》, 1937

조선총독부 철도국, 《조선철도 40년 약사》, 1940

선교회, 《조선교통사》, 1986

조선총독부 철도국, 《조선총독부 철도국 연보》 각 연도